쓰면서 자라는
아이들

부모가 알아야 할 초등 글쓰기의 모든 것

쓰면서 자라는 아이들

한미화 지음

어크로스

어린이의 쓰기는
궁리하고 표현하고 대화하는 일

이삿짐을 정리하다 말고 바닥에 주저앉았다. 아이가 초등 1학년 때부터 쓴 일기와 독서록을 발견했기 때문이다. 1학년 때 쓴 일기장을 펼치니 서툴지만 또박또박 힘주어 정성스럽게 쓴 글씨가 어린이다웠다. 3~4학년에 이르니 글씨가 괴발개발 거의 하늘로 날아갈 지경이었고 대충 쓴 기색이 역력했다. 다행이라면 5~6학년 때도 여전히 읽고 쓰고 있다는 정도였다. 마지막으로 중학생 시절 쓴 독서록을 펼쳤다. 과연 같은 사람이 쓴 게 맞을까 싶을 만큼 달라져 있었다. 중2 때 쓴 독서록에는 감동적인 책을 읽고 난 벅찬 마음을 드러내거나 작가의 문체를 따라 쓴 글도 있었다. 재치와 개성이 담겨 있었다.

공책을 덮고 나자 잠시 과거로 시간 여행을 다녀온 듯했다. 그 시간이 늘 평온했던 건 절대 아니다. 더디고 혼란스러울 때가 훨씬 많았다. 그때 타임머신을 타고 미래를 확인하고 왔다면 좀 나았으려나. 물론 그럴 수야 없지만 분명한 건 있다. 어린이는 조금씩 자란다는 사실이다. 쓰기에 한정해서 말하자면, 꾸준히 쓴다면 어린이의 글은 성장한다.

《아홉 살 독서 수업》을 출간하고 만난 많은 부모들은 한결같이 자녀의 쓰기를 걱정했다. 꾸준히 잘 읽는 아이라도 쓰기는 예외였다. 이제 막 저학년 어린이의 독서에 관한 책을 펴낸 내게 "쓰기에 관해서도 책을 써주실 거지요?"라고 말하는 부모도 있었다.

마음이 생기면 일이 엮이고 관심사가 눈에 들어오기 마련이다. 이 책을 준비하는 동안 고등학생에게 글쓰기를 강의한 적도 있었고, 중고생 독후감 대회에 심사위원으로 참여한 적도 있다. 독후감 대회는 400쪽 분량의 책을 읽고 A4 용지 3~5장의 글을 쓰는 까다로운 조건을 내세웠지만 열기가 뜨거웠다. 예심에서 내가 읽어야 할 독후감만 1천여 편에 가까웠다. 막상 심사를 시작하자 엉뚱한 지점에서 놀랐다. 지역과 학년에 상관없이 전국 중고생의 글이 모두 엇비슷했다. 상금에 눈이 멀어 혹은 선생님의 권유로 참가했으며 앞으로 열심히 살겠다는 공약 같은 결론까지, 판박이를 한 듯 똑같았다. 왜 이런 일이 벌어질까 싶었다. 아마 그 씨앗은 초등학교 시절 뿌려지지 않았을까.

저학년 때는 하나부터 열까지 부모가 챙겨야 할 일이 많다. 그러니 어린이가 3학년이 될 무렵이면 기대를 한다. '이제 3학년이나 되었으니 알아서 잘 쓰겠지', '4학년이니까 저학년 때와 달리 길게 쓰겠지' 하고 바란다. 하지만 어린이는 그때부터 본격적으로 성의 없는 글을 쓴다. 쓰기에 관해 어린이와 부모는 정확히 반대 방향을 바라보는 셈이다.

어린이는 초등학교에 입학하는 순간부터 대개 독후감을 쓰기 시작한다. 학년이 올라가며 독후감 쓰기가 능숙해져야 하는데 반대다. 저학년 때는 어른들의 말에 고분고분해 쓰기 싫어도 쓰지만 자기주장이 강해지는 3~4학년이 되면 거부하는 경우가 생긴다. 아예 "독후감은 싫어요!", "쓰는 건 절대 안 할래요!" 하는 어린이도 있다. 이런 상황에서 부모의 충고는 잔소리로 여겨질 뿐 아이에게 가닿기 어렵다.

어린이가 쓰기 싫은 데는 이유가 있기 마련이다. 어쩌면 부모도 모르는 사이 어린이는 글쓰기 때문에 상처를 입었을 수도 있다. 어떤 이유든 쓰기와 나쁜 인연을 맺었다면 '나는 못 쓰는 사람이야!'라고 지레 포기하게 되고 평생 쓰지 못하는 사람으로 살아갈 확률도 높아진다. 《쓰면서 자라는 아이들》은 이런 문제의식에서 비롯되었다. 구체적으로 초등 3~4학년 무렵 '읽기는 하는데 쓰기가 영 싫은 아이들' 때문에 고민이 많은 부모를 위한 책이다.

어린이에게 쓰기란 새롭게 알게 된 사실이나 느낌을 누군가에게 자랑하는 일이면 족하다. 춤이, 노래가, 운동이 내 이야기를 하는 수단이듯 쓰기도 나를 표현하는 일이다. 내가 느끼고 생각하는 걸 표현할 때 어렵지만 기쁨이 따른다. 배우고 표현하는 일은 희열이 있고, 이 본능을 자극하는 게 쓰기 교육이다. 어린이는 자신의 감정과 생각을 글로 쓰면서 자신을 존중하는 법을 배운다. 글을 쓰려고 생각에 생각을 거듭하고 더 나은 무언가를 궁리하며 궁극적으로 훌륭한 사람이 되고자 애를 쓰게 된다. 글쓰기만큼 사람을 위대하게 만드는 일이 없다.

글쓰기가 이런 일이라면 어린이의 쓰기를 바라보는 부모의 태도에도 변화가 필요하다. 길게 보고 지속적으로 관심을 가져야 한다. 대개 부모는 저학년 때까지 독후감을 확인하고 채근하며 관심을 기울인다. 3~4학년이 되면 알아서 쓰겠지 하며 한 발자국 물러난다. 책의 수준도 높아지고 아이의 주장도 거세지기 때문이다. 그러다 고학년이나 중학생이 되면 아예 관심을 끊는다. 하지만 어린이의 글은 저학년에 완성되지 않는다. 저학년 때는 읽기와 쓰기를 꾸준히 하되 규격화된 글이 아니라 표현하는 즐거움을 느끼도록 도와야 한다. 고학년은 글다운 글을 쓸 준비가 되어가는 시기다. 이때 어린이가 쓴 글을 읽고 칭찬해주는 사람이 있어야 어린이의 글은 성장한다.

《아홉 살 독서 수업》에 담긴 내용을 한마디로 정리하면 "조금만 더 읽어주세요!"라는 부탁이었다. 너무 당연한 말을 하나 싶어 고민을 많이 했다. 그러나 이 당연한 일을 간과하고 손쉬운 비법만을 바라는 부모들이 너무도 많다. 어린이가 읽기의 재미를 느끼지 못할 때 '읽어주기'는 부모가 가장 먼저 해야 할 일이라고 생각한다. 이 책 역시 마찬가지다. 어린이가 잘 쓰길 원한다면 먼저 아이의 말에 귀를 기울이고 아이가 쓴 글을 정성스럽게 읽어주길 부탁드린다. 쓰기는 궁리이자 표현이고 대화다. 잘 읽어주는 사람이 있어야 어린이의 글이 자랄 수 있다.

차례

3부 읽기에서 쓰기로, 독후감의 세계

4부 한 뼘 더 자란 글쓰기를 위한 팁

1부

읽지만
쓰지 못하는
아이들

책 좀 읽는다는 (**1**)

아이를 둔 부모의
남모를 고민

내비게이션을 보고도 엉뚱한 길로 접어들어 헤매 때가 많다. 여러 번 다닌 길에서도 밤에 가거나 다른 방향에서 접근하면 방향감각을 잃기 일쑤다. 이렇게 허둥거릴 때마다 지금 내가 서 있는 곳을 확인한다. 궁극적으로 어느 쪽으로 가야 하는지를 생각한다. 불안하면 할수록 가야 할 방향을 찾지 못하고 헤맨다는 점에서 독서 교육도 본질적으로 길 찾기와 다를 바 없다.

독서 교육 강연에 참석하는 부모 대부분은 책에 관심이 많고, 자녀가 책을 좋아하고 잘 읽는 사람이 되길 바란다. 자녀도 부모의 말을 잘 따라주는 편이라 지금까지 문제가 없었다. 그런데 초등 3학년이 될 무렵이면 균열이 생긴다. 아이가 편독을 한다거나 유튜브나 게임에만 재미를 느끼거나 너무 빠른 속도로 책을 읽는 게 걱정이 되기 시작한다. 이 중에서 압도적인 고민이 있다. 열에 아홉 명은 이구동성으로 내게 묻는다. "아이가 읽기는 잘하는 편인데 왜 쓰질 못하죠?"

책은 곧잘 읽는데 왜 쓰지 못할까

한국 작가가 쓴 글쓰기 책 중에 가장 유명한 것은 단연 《문장강화》다. 시인 정지용과 쌍벽을 이루던 소설가 이태준 선생이 썼고 1948년 출간되었다. 이후 글 잘 쓰는 법을 다루는 책에서 《문장강화》를 기본으로 삼지 않은 경우가 없다. 글을 어떻게 써야 하나 고민하는 습작 시절에 《문장강화》를 읽지 않은 사람이 없다 할 만한 글쓰기 고전이다.

지금으로부터 60여 년 전에 나온 이 책에서 이태준 선생은 지금 우리와 같은 질문을 던진다. "왜 말은 쉽사리 하는 사람이 많되 글은 쉽사리 써내는 사람이 적은가?" 그리고 답하길 "글은 말처럼 절로 배워지는 것이 아니고 일부러 배워"야 하기 때문이라고 적고 있다. 말과 글의 차이에 관해서는 뒤에서 다시 설명하겠지만 이 말은

쓰면서 자라는 아이들

기억해두어야 한다. '말은 저절로 배울 수 있지만 글은 일부러 배워야 한다.'

말하기와 글쓰기는 모두 자기표현의 수단이다. 아이들은 이미 말을 잘하고, 말로는 부모가 당해내지 못할 정도로 유창하다. 그럼에도 지금 한 말을 글로 써보라고 하면 어려워하고 잘 못 쓴다. 말과 글이 그만큼 다르기 때문이다. 내가 하고자 하는 주장이 있다고 가정하자. 말로 할 때는 머리도 꼬리도 없이 불쑥 "싫어!" 하고 내뱉어도 이상하지 않다. 어떤 상황 속에서 이 말이 나왔다는 걸 아이와 부모가 모두 알고 있기 때문이다. 일상생활에서라면 이렇게 한두 마디 말이면 족하다. 의사소통이 충분히 된다. 글은 어떨까. 예컨대 "공기가 차갑다. 엄마가 생각난다"라고 썼다. 대체 무슨 뜻일까? 어떤 맥락에서 이런 문장을 썼는지 알 수 없다.

아무리 짧더라도 한 편의 글이 되려면 시작에서 끝까지 체계가 서 있어야 한다. "아침 공기가 확연하게 차가워졌다. 곧 겨울이 올 모양이다. 김장을 해야 할 텐데……. 기력이 많이 떨어진 엄마가 김장을 할 수 있으려나 걱정이다. 겨울이 성큼 다가오면 엄마 생각이 난다"와 같이 앞뒤 맥락을 밝혀 온전하게 뜻이 전해지도록 글을 써야 한다. 그러니 외마디로 뱉어낼 수 있는 말을 할 때와 글을 쓸 때는 달라도 많이 다르다. 훨씬 더 많이 생각하고 고민하고 조직해서 상대가 이해하도록 써야 한다. 당연히 힘든 일이다.

미국 UCLA의 매리언 울프 교수는 '책 읽는 뇌'를 만들어야 읽는 사람이 될 수 있다고 했다. 읽기가 인간의 본능이 아니라 애써 배워야 하는 일이라고 분명히 선언했다. 한데 쓰기에 비하면 그나마 읽기는 쉬운 일이다. 한글은 배우기 쉬워 다른 언어에 비해 빨리 읽을 수 있다(물론 고급 독자가 되기 위해서는 꾸준히 읽기 능력을 계발해야 한다). 반면 쓰기는 한번 배운다고 되는 일이 아니다. 아무것도 없는 무에서 유를 창조해야 하는 일이다. 곱절로 힘이 든다.

어린이 글쓰기의 현주소

위로가 될지 모르겠지만 모든 초등학생이 글쓰기를 싫어한다. 유독 우리 아이만 글쓰기를 싫어하는 게 아니다. 더 솔직하게 말하면 아이만 그런 것도 아니다. 정규 교육과정을 제대로 마친 성인일지라도 쓰기는 어려워하고 싫어한다. 쓰기는 아주 특별한 몇 사람을 제외하고는 모두에게 어렵다.

부모들과 함께 글쓰기를 고민하는 일이 많아지며 깨달은 것이 있다. 먼저 부모가 '쓰기는 어렵다'는 사실을 받아들여야 한다는 점이다. 강연 때마다 강조하지만 귀담아듣지 않는 듯했다. 그래서 꾀를 냈다. 부모가 어린이에게 잘 쓰는 법을 설교하는 대신 부모도 글을 써보라고 부탁했다. 아이가 읽는 책을 똑같이 읽고 독후감을 써달라고 요청한 것이다.

결과가 자못 흥미진진했다. 일단 과제를 안 해오는 부모가 많았다. "중요한 일이 생겨서요……"라고 변명하지만, 따지고 보면 아이들도 마찬가지다. 언제나 숙제보다 더 급하게 하고 싶은 일이 있지만 어린이는 숙제를 한다. 또 써보려고 했으나 어떻게 해야 할지 막막했다고 토로하는 사람도 많았다. 과거 십 수년간 학교에서 쓰기를 배웠지만 손을 놓은 지 오래라 쓰기 어려운 것이다. 다시 말해 안 쓰면 못 쓴다. 내로라하는 전문가도 짧은 신문 칼럼 청탁을 받고 밤새 전전긍긍한다. 많이 써서 숙련되지 않으면 누구나 쓰기 어렵다. 그러니 이제 막 글을 배워 쓰기 시작한 어린이는 얼마나 어렵겠는가.

이 사실을 인정하지 않는 한 부모가 어린이의 쓰기에 다가갈 수 없다. 그렇지 않아도 부모가 자녀의 쓰기를 지도하기란 참으로 어렵다. 한데 어린이가 잘 쓰는 게 당연하다고 여기는 순간 상황은 더욱 꼬여버린다. 쓰기는 좀처럼 빗장을 열기 어려운 철옹성이 되어버린다.

쓰기는 어려운 일이니 많은 시간과 연습이 필요하다. 초등학교에 입학하자마자 각종 쓰기를 연습하는 건 그래서다. 일기, 독후감은 가장 좋은 쓰기 훈련법인 동시에 지겨운 숙제다. 억지로 해야 하는 일로 일가를 이룬 사람은 드물다. 일기 숙제를 몰아서 하려다 애를 먹은 경험이 있다면 성인이 되었을 때 일기장을 쳐다보기도 싫을 것이다. 의무에서 해방되면 두 번 다시 만나고 싶지 않다.

요즈음은 과거처럼 아이들에게 일기 쓰기를 강제하지 않는 추세다. 하지만 독후감은 갈수록 강조되고 있다. 아예 3학년부터 '한 학기 한 권 읽기'를 시행하면서 읽고 쓰기 교육을 한층 강화했다. 또 어린이의 문해력 저하를 걱정하는 목소리가 높아지며 깊이 읽기의 수단으로 독후감 쓰기를 필수로 여긴다. 심지어 유치원 때부터 독서 기록을 시작한다. 이런 상황이니, 초등학생이 되면 결코 독후감 쓰기로부터 자유로울 수 없다. 디지털 시대를 사는 어린이들은 과거 어느 때보다 열심히 쓰지만, 그럼에도 쓰기는 가장 귀찮고 재미없는 일이다. 이것이 어린이 글쓰기의 현주소다.

초등 3학년 즈음이면 아이들은 해야 할 일이 제법 많아진다. 학원이 끝나고 숙제를 겨우 마쳤는데 또 책을 읽고 글을 쓰고 싶을까? '독서록 쓰기'는 숙제를 끝냈는데 또 다른 숙제가 기다린다는 뜻이다. 반드시 써야 한다면 마지못해 대충 쓰는 게 어린이의 최선이다. 전업 작가들도 낮에 글을 쓰면 밤에는 쉰다. 친구를 만나거나 다른 이들이 만든 드라마 시청을 즐긴다. 쓰기는 집중해서 뇌를 쓰는 일이며 누구나 뇌를 최고치로 계속 가동할 수는 없다. 해야 할 공부와 숙제가 많다면 연이어 글을 쓰는 게 힘들다. 아이가 쓰기를 너무 싫어한다면 아이의 일상을 먼저 되돌아봐야 한다.

비슷해 보이지만 다른 게 직장인의 읽기와 쓰기다. 최근 글 쓰는 성인들이 늘고 있다. 이들에게 쓰는 시간은 적자생존의 전쟁터에서 돌아와 온전하게 자신에게 몰두하는 고요한 시간이다. 다시 말

쓰면서 자라는 아이들

해 쓰는 시간이 쉬는 시간이다. 이렇듯 어린이와 어른의 쓰기는 사뭇 다르다. 어른의 방법론을 어린이에게 적용할 수 없고 그래서 어린이 글쓰기 교육이 어렵다.

아이의 글은 초등 시절에 완성되지 않는다

무리하게 단언하자면 어린이는 잘 쓸 수 없다. 어쩌면 초등학교 내내 부모나 교사가 어린이의 글을 읽고 참 잘 썼다는 말을 하기 어려울지 모른다. 왜냐하면 잘 쓰려면 전제가 필요하기 때문이다. 배경지식과 경험이다. 그런데 어린이에게는 이 두 가지가 부족하다.

《열두 발자국》을 쓴 뇌과학자 정재승 박사가 들려준 '인공지능이 할 수 있는 것과 없는 것'에 관한 이야기를 만나보자. 인공지능 작곡 프로그램에 바흐에서 모차르트를 거쳐 쇤베르크에 이르기까지, 지금까지 만들어진 모든 교향곡을 전부 입력한다. 그런 뒤에 입력한 교향곡들과는 다른 교향곡을, 그런데 일정 수준 이상의 미적 가치를 지닌 작품을 만들어내라고 하면 어떨까. 그건 잘하지 못한다. 입력해준 데이터를 부정하는 사고는 아직 인공지능에게는 무리이기 때문이다. 정재승 박사의 이야기는 여기서부터가 흥미롭다. 인공지능에게 모차르트의 교향곡을 모두 입력한 뒤에 모차르트 풍의 교향곡을 새로이 작곡하라고 하면 어떨까. 인공지능은 아주 그럴듯한 작품을 만들어낸다.

'모차르트와 비슷한 작품 만들기'란 다시 말해 우리 교육이 하는 일이다. 새로운 생각의 도출이 아니라 기존의 정보를 머릿속에 주입하고 정답을 맞히는 방식이다. 이런 일은 인간보다 인공지능이 더 잘한다. 그렇다면 인간이 인공지능보다 잘할 수 있는 건 무엇일까. 입력된 데이터와 전혀 다른 것을 만들어내는 일이다. 이것이 인공지능이 하기 어려운 인간의 고유한 능력이다.

인공지능 시대에는 창의성이 중요하다고 노래를 부른다. 창의성은 어떻게 만들어지나. 하늘에서 떨어지나. 창의성이란 하늘에서 뚝 떨어지는 완전히 새로운 것이 아니다. 창의력이 뛰어난 예술가, 작가, 과학자도 처음에는 앞선 세대의 작업을 보고 읽고 배우며 습득하는 과정을 거친다. 큐비즘의 창시자 피카소는 세상에 없던 그림을 그렸지만 그에게 영향을 미친 화가는 여럿 존재한다. 색채의 혁명가 앙리 마티스나 고향 엑상프로방스에서 20년 동안 생트빅투아르산을 그린 폴 세잔 같은 선배 화가들이다. 이들의 작품세계가 피카소에게 흘러들어가 영향을 미쳤고 큐비즘으로 탄생했다.

창조의 과정이란 기존의 지식과 작품을 먼저 습득하고 난 후 자신만의 세계를 만드는 일이다. 사고의 과정 역시 습득하는 일이 필요하다. 내 머릿속의 저장고, 즉 내가 이미 알고 있는 배경지식이 필요하다. 그래야 새로운 정보와 자극을 만났을 때 나의 배경지식과 비교해 차이를 발견할 수 있다. 차이를 알아차릴 때 불현듯 아이디어가 떠오른다. 나만의 창의적인 생각을 하려면, 어떤 사안을 비판적으로 바라보려면 바로 이 차이를 도출해야 한다. 그러자면 이미 내 안에 배경지식이 있어야 한다.

새로움은 언제나 나의 앎에 비춰야 보인다. 내 경험이나 지식의 연장선상에 있다면 공감하기 쉽다. 만약 다르다면 나와 어느 지점에서 차이가 생기는지를 비교해볼 수 있다. 나의 생각 저장소를 만들어 견주어야 한다. 글을 쓴다는 것은 결국 생각하기의 결과물이다. 한데 생각과 경험의 저장소가 비어 있다면 무엇과 견줄 것이며 무슨 수로 차이와 공감을 끌어낼 것인가. 결국 생각도 없고 쓸 말이 없다.

어린이는 이제부터 시작이다. 지금 부모가 읽고 있는 건 어린이가 태어나 처음으로 쓰는 글이다. 앞으로 쓰게 될 글 중에서 가장 서툰 글이다. 앞으로 어린이는 점점 더 잘 쓰게 될 테다. 그럼에도 부모는 어린이의 쓰기가 마치 초등 3학년에 완성되어야 한다고 믿는 것 같다. 글씨도 반듯하고, 느낌과 다짐도 선명하고, 논리적인 글을 바란다. 어린이가 글을 잘 쓰려면 먼저 익혀야 할 것들이 많다. 배경지식과 생각하는 법과 표현의 즐거움을 쌓아야 잘 쓸 수 있다.

어린이에게 쓰기를 가르치는 이유는 무엇인가. 감정과 생각을 글로 써낼 수 있는 사람으로 키우고자 함이다. 결국 우리의 사고는 언어를 통해 이뤄진다. 깊게 생각하려면 글을 쓸 수 있는 사람이 되어야 한다. 그런데 초등학교 시절 글쓰기를 완성하려는 듯 욕심을 내는 순간 어린이들은 쓰기를 지긋지긋해하며 도망간다. 이렇게 평생 쓰기와 담을 쌓게 된다. 지금 우리는 어디서 길을 헤매고 있으며 궁극적으로 가고자 하는 글쓰기의 방향은 어디인가.

독서 논술 학원, ②

누구를 위해   보내는 걸까

초등학생의 읽기 태도에 관한 연구에 따르면, 어린이는 초등학교 2학년 때 거부감 없이 가장 많은 책을 읽는다. 이무렵 어린이가 쓴 독서록은 글씨도 반듯하다. 짧은 글이지만 내용도 성의 있다. 희한하게도 읽고 쓰기에 대한 긍정적인 태도는 학년이 높아질수록 조금씩 낮아지다가 5학년쯤 되면 급격하게 떨어진다. 읽고 쓰는 힘이 붙어야 할 고학년이 되면 책과 담을 쌓고 쓰기도 끔찍하게 싫어한다.

저학년 아이들은 문장을 완성하는 게 어렵고 어휘나 표현도 부족하지만 엄마가 독서록을 쓰자고 하면 곧잘 따라준다. 편차는 있지만 3학년 무렵이 되면 아이들은 자기주장이 강해진다. 엄마라도 아이의 고집을 꺾기 힘들어진다. 더 이상 엄마가 주도하는 방식으로 아이의 독서 교육을 밀어붙이기 어려워진다. 지금껏 출간된 자녀교육서를 보아도, 전문가들의 이야기를 들어보아도 이구동성으로 '초등학생은 읽고 쓰기가 공부의 전부'라고 겁을 주는데 아이는 거부한다.

그렇다면 방법은 하나다. '집에서는 어려우니 독서 논술 학원에 보내야 할까?' 하는 고민을 하게 되는 것이다. 이제 고학년에 접어드는데 점점 책과 멀어지니 학원에 보내면 '책이라도 읽고 오겠지!' 하는 기대를 한다. 적어도 '논술 학원에 가면 집에서 빈둥거리는 것보다야 낫겠지. 뭐라도 남지 않겠어?' 하는 심정으로 많은 부모들이 아이를 논술 학원에 보낸다.

논술 학원도 선행이다

대한민국은 모든 분야에 사교육이 있다. 상위 0.1퍼센트만이 진학한다는 영재학교나 과학고는 초등학교 때부터 흔히 '속진'이라고 부르는 선행학습과 사교육 없이는 갈 수 없다고 알려져 있다. 이를 시작으로 무엇이든 사교육의 도움을 받을 수 있다. 초등학생을 위한 줄넘기 학원도 있고, 조회수 높이는 비법을 가르쳐주는 유튜브 학원도 있다. 하물며 논술이 입시와 연관되어 있는데 사교육이 없을 리 없다.

2015년부터 서울대학교는 논술 전형을 폐지했지만 여전히 여러 대학에서 논술 전형을 실시한다. 논술 전형으로 대학에 입학하는 건 낙타가 바늘구멍을 통과하기만큼 어렵지만 학교생활기록부가 빈약하거나 내신이 낮은 경우 논술을 포기할 수 없다. 문제는 논술이 결코 단기간에 완성되지 않는다는 점이다. 그렇다면 수학이나 영어처럼 논술도 선행하면 좋지 않을까. 일찌감치 읽고 쓰는 훈련을 '미리' 해두면 유리하지 않을까. 사교육 업체가 강조하는 논리가 바로 이것이다. 대학 입시에서 논술이 등장한 이후 초등학생 때부터 미리 준비하지 않으면 나중에 고생한다는 생각이 학부모들 사이에서 팽배하다.

논술 붐에는 긍정적인 성과도 많다. 그동안 독서 교육은 교과 교육에 밀려 학교에서 엄두를 못 냈다. 독서 교육이 그나마 교실 안으로 들어올 수 있었던 것은 전적으로 논술이 강조되면서부터다. 초등 3학년부터 정규 교과과정이 된 '한 학기 한 권 읽기' 수업에는 이를 앞서 실천한 일선 교사들의 헌신이 큰 역할을 했다. 그런데 이런 교육을 할 수 있었던 밑바탕에도 역시 논술이 있다.

동서고금을 막론하고 읽기와 쓰기는 학교의 핵심 수업이다. 아주 오래전부터 궁극적으로 학교란 학생들이 모여 책을 읽고 함께 토론하고 글 쓰는 법을 배우는 곳이었다. 지금도 외국의 내로라하는, 특히 명문 사립학교일수록 읽고 쓰는 수업을 중시한다. 국내에 여러 차례 소개된 미국 세인트존스 대학이 대표적이다. 이 학교의 수업 방식은 EBS 다큐멘터리로도 소개되었을 뿐 아니라 실제 이 대학을 다닌 학생이 《세인트존스의 고전 100권 공부법》(조한별 지음, 바다출판사)이란 책에 소개해 널리 알려지기도 했다.

　미국 사립대학의 학비는 만만치 않은데, 큰돈을 내고 세인트존스 대학에 다니는 학생들이 4년 동안 하는 공부는 100권의 고전을 읽고 토론하는 것이다. 대학은 학생이 입학하면 먼저 4년 동안 읽어야 할 책의 목록을 보내준다.* 대학 생활 내내 문학, 철학, 정치, 신학, 역사, 경제, 심리학 등의 책을 읽고 세미나에 참석한다. 세미나에서 교수의 일방적인 강의란 찾아볼 수 없다. 학생들의 토론이 기본이다. 세미나가 끝나도 학생들은 강의실에서 나갈 생각을 하지 않고 토론을 계속한다. 이 대학을 다닌 한국 출신 학생들은 하나같이 처음에 엄청난 문화 충격을 받았고 입도 뻥긋하지 못했다고 토로한다. 이 대학의 교육 목표는 분명하다. 학생들이 비판적으로 생각하고, 생각을 말로 표현하고, 매년 방대한 분량의 에세이를 쓰며 글 쓰는 훈련을 하는 것이다.

●　이 목록은 《세인트존스의 고전 100권 공부법》에 소개되어 있다. 그리스 역사와 철학 등 고전(수학과 과학 기초 포함)은 1학년에, 중세와 르네상스 학문은 2학년에, 계몽주의 시대는 3학년에, 그리고 근대의 학문은 4학년에 배운다.

그렇다면 우리는 어떤가. '한 학기 한 권 읽기' 수업이 교실에서
시행되기 이전 학교에서 해야 할 독서 교육이 학교 밖에서 이뤄졌
다. 그 일을 맡은 곳이 독서 논술 학원이다.

읽고 쓰는 교육의 본질

독서 논술 학원에서 이뤄지는 수업의 구조는 대개 엇비슷하다.
부모가 '책이라도 읽고 오지 않겠어' 하고 기대하듯 아이들은 매주
책을 읽어야 한다. 정해진 커리큘럼에 따른 선정 도서를 읽고 교재
에 제시된 이야기를 나누고 글을 쓴다. 논술 학원의 수업 내용만 보
면 전혀 문제가 없다. 하지만 교육이라는 것이 이렇게 하면 성공하
겠다 싶어도 막상 해보면 아주 작은 차이 때문에 원래의 의도와 다
른 결과를 낳는 경우가 허다하다.

읽고 쓰는 수업에서 가장 중요한 것은 교사의 역량과 친구들과
의 만남이다. 우선 교사가 수업을 어떻게 이끄는지에 따라 수업의
질이 크게 차이가 난다. 교사는 어린이의 읽기 수준과 흥미를 고려
해 읽어낼 만한 책을 잘 선정해야 한다. 당연히 책에 대한 일정 이
상의 전문성이 필요하다. 어린이와 이야기를 나눌 때도 교사의 역
할이 크다. 주어진 교안에 집착해 정답을 말하도록 요구할수록 흥
미는 떨어진다. 아이에 맞게 적절한 자극을 주어 자유롭게 말하고

생각할 수 있도록 이끌어야 한다.

만약 이런 요소들이 충족되며 수업이 이뤄진다면 더할 나위 없다. 책을 읽고 마음껏 이야기를 나누고 친구들의 이야기에 귀를 기울인다면 쓰는 일이 어렵지 않다. 한마디로 학원에만 보낸다고 논술 교육이 절로 되는 건 아니다. 어디 논술 학원뿐인가. 아이들이 다니는 수많은 학원도 결국 비슷하다.

종종 다짜고짜 "아이를 논술 학원에 보내야 할까요?"라고 묻는 부모를 만난다. 간단한 질문이 아니다. 한마디로 "보내라, 보내지 마라" 대답할 수 없다. 적어도 왜 보내려고 하는지, 어느 교사와 수업을 할 것인지, 아이가 지금 다니는 학원이 얼마나 많은지, 함께 다니는 친구가 있는지, 아이의 읽기 수준이 어떤지 등을 확인해야 한다. 이 모든 질문을 내포한 답변은 "아이가 원하면 보내도 좋습니다"이다.

아이가 초등 고학년이 되면 부모는 마음이 조급해진다. 집에서 빈둥거리는 아이를 보고 있으면 '쟤 저러고 있을 때가 아닌데!' 하는 조바심이 고개를 치켜든다. 괜히 아이에게 "숙제는 다했니?", "언제까지 그러고 있을 거니, 책이라도 좀 읽어!" 같은 잔소리를 해댄다. 이렇게 실랑이를 벌이는 것도 한두 번이지 차라리 엄마 눈에 안 보이면 서로 편하다. 수학이든 영어든 논술이든 학원에 보내면 막연하게 잘하고 있겠지 하고 위안이 된다. 하지만 부모가 위로받자고 아이를 학원으로 돌릴 수는 없다.

쓰면서 자라는 아이들 _____

논술 학원에 보내기 전 몇 가지만 미리 생각해보면 좋겠다. 읽기 능력이 좋은 아이들은 보내도 크게 문제 될 일이 없다. 반면 아이의 읽기와 쓰기가 부족한데 논술 학원에 보내면 어떻게든 될 거라는 생각은 위험하다. 팩트 체크가 필요하다. 우선 아이의 독서 수준을 살핀다. 아이가 학년 필독서를 무리 없이 읽는지부터 확인한다. 만약 자기 학년의 책을 읽기 어려워하면 논술 학원에 다닌다고 문제가 해결되지 않는다. 도리어 또래보다 뒤처진다는 사실에 상처만 입을 수 있다. 부모가 아이 학년에 맞는 책을 꾸준히 읽어주며 아이의 읽기 능력을 키우고 재미를 북돋아주는 노력이 필요하다.

초등학생의 글쓰기에서 핵심은 입시에 맞춘 완벽한 글을 써내는 것이 아니다. 읽고 쓰기가 힘들지만 재미있다는 사실을 느끼고 경험하는 일이다. 결국 '독서 교육'도 '교육'이라는 사실을 잊지 말아야 한다. 학원이 모든 걸 해결해주지는 않는다.

우리 아이는 **3**

글쓰기에　소질이

없나 봐요

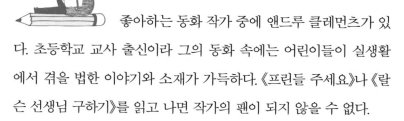

좋아하는 동화 작가 중에 앤드루 클레먼츠가 있
다. 초등학교 교사 출신이라 그의 동화 속에는 어린이들이 실생활
에서 겪을 법한 이야기와 소재가 가득하다. 《프린들 주세요》나 《랄
슨 선생님 구하기》를 읽고 나면 작가의 팬이 되지 않을 수 없다.

그의 책 중에 《작가가 되고 싶어!》가 있다. 열두 살 소녀 나탈리
가 엄마를 돕고 싶어 진짜 작가가 되고 책을 출판하게 되는 과정이
그려진다. 책 속에 이런 말이 나온다. "어떤 사람은 작가이고 어떤
사람은 웅변가이다. 나탈리는 항상 작가가 되고 싶어 했다. 조는 항

쓰면서 자라는 아이들 ____

상 웅변가가 되고 싶어 했다."

조는 나탈리의 가장 친한 친구다. 나탈리는 책을 좋아하고 글쓰기를 즐겨 하지만 친구인 조는 말로 사람들을 설득하는 일을 잘한다. 조는 나탈리와 달리 글 쓰는 건 별로지만 말이라면 결코 지지 않는다. 조는 동화 속에서 나탈리의 에이전트가 되어 큰 역할을 해낸다. 동화를 읽으며 조는 앞으로 다른 사람을 설득하는 직업을 가지면 좋겠다는 생각이 들었다. 조나 나탈리처럼 우리 아이들도 각자 잘하는 게 있다. 조처럼 말을 잘하는 아이도 있다. 반대로 나탈리처럼 책 읽기를 좋아하고 글을 잘 쓰는 아이도 있다.

글쓰기 재능은 타고나야 한다

어린이는 생김새만 다르지 않다. 기질도 좋아하는 것도 잘하는 것도 모두 다르다. 어린이는 하나의 우주다. 형제자매를 키워보면 같은 부모 아래 자랐어도 사람이란 얼마나 다른지를 뼈저리게 느낀다. 큰아이는 모범적이고 감정을 절제하고 의젓하다면 작은아이는 감정 표현도 스스럼없고 언니 오빠만큼 잘하고 싶어 뭐든 열심이니 사랑스럽다. 이렇게 정반대인 경우가 허다하다.

내 아이를 부모가 가장 잘 아는 게 맞다. 그런데 이는 반만 맞는 말이다. 부모는 아이를 객관적으로 보지 않고 기대하는 쪽으로 평가하고 이끄려 든다. 아이는 몸을 움직이는 걸 좋아하는데 부모는 악기 연주에 재능이 있기를 기대한다거나, 감수성이 풍부한데 법조인처럼 냉철함이 앞서기를 바란다.

물론 다방면에 재능이 있는 아이들이 있다. 혹은 재능이 밖으로 도드라져서 부모가 오해할 여지가 없는 경우도 있다. 스케이트를 잘 타거나 그림을 잘 그리거나 곤충 박사로 불리는 아이들이다. 반면 책이든 글쓰기든 음악이든 부모가 바라는 일에 도통 흥미를 보이지 않으면 부모는 애가 탄다. 자녀와 친구들을 모아 가정 독서 모임을 했던 어르신과 대화를 나눈 적이 있었다. 그분은 "쓰는 건 타고나는 것 같다"는 말을 들려주었다. 내 아이와 남의 아이를 가리지 않고 똑같이 지도했는데 내 자식보다 다른 아이가 글을 훨씬 잘 쓰더란다. 어쩌면 문학적 감수성은 생래적일지 모른다. 소설가나 시인이 되고 싶다면, 문학적 글쓰기를 잘하고 싶다면 감수성을 어느 정도는 타고나야 한다. 마치 좋은 가수가 되려면 음색을 타고나야 하는 것처럼 말이다.

문학적 감수성이라는 환상

그런데 말이다. 세상에는 문학적인 글보다 비문학적인 글이 더 광범위하게 쓰인다. 단순화하자면 문학이란 소설, 시, 에세이 같은 글이고 비문학은 회사에서 일상적으로 쓰는 보고서와 기획서, 작은 가게의 개업을 알리는 전단지, 인터넷으로 주문한 상품과 함께 온 설명서, KTX 예약과 관련한 안내문, 반조리 식품과 함께 온 조리법, 유튜브나 예능 프로그램의 자막까지 세상의 모든 글을 포함한다. 세상에는 엄청나게 광범위한 실용적인 글이 존재한다. 일상의 글을 쓰는 데 천재성까지 필요한 건 아니다.

"어떤 사람은 작가로 태어나고 어떤 사람은 웅변가로 태어난다"라는 말은 옳다. 하지만 누구나 작가가 될 필요는 없다. 다만 내 생각과 느낌을 글로 쓰는 것, 이것은 누구나 할 수 있다. 글쓰기 교육이 지향하는 목표가 바로 이것이다. 뛰어난 수영 선수나 축구 선수가 아니어도, 색감과 조형 감각이 남다른 화가의 재능이 없어도 우리는 스포츠를 즐기고 그림을 감상할 수 있다. 같은 이치다. 어떤 사안이나 주제에 대해 생각한 바를 보편타당한 언어로 쓰는 일은 훈련으로 습득할 수 있다. 물론 문학에 뜻이 있다면 전략은 달라져야 한다. 그게 아니라면 필요한 만큼 글을 쓰면 된다. 학교 교육의 궁극적 목적이자 어린이가 목표로 삼아야 하는 쓰기다.

어른은 고등교육을 받는 동안 많은 글을 읽고 썼다. 내로라하는 작가만큼 아름다운 문장을 부릴 수는 없지만 잘 쓴 글에 대한 기준은 있다. 그 기준으로 초등학교 3학년 어린이가 쓴 글을 읽으면 부족하고 답답하다. 자꾸 잔소리를 늘어놓거나 이렇게 써야 한다고 기준을 제시하려 든다. 하지만 어린이는 이제 글자 그대로 '글 쓰는 법'을 배웠고 잘 쓰기 위해서는 앞으로 긴 시간이 필요하다.

그동안 아이의 쓰기는 발전해왔다. 이제 막 한글을 배웠을 때 어린이가 쓴 독서 노트에는 글보다 그림이 많았다. 글은 한두 마디에 불과했다. 1~2학년이 되면 쓰기는 하는데, 의식의 흐름대로 제멋대로 쓰는 경우도 있다. 저학년 아이들의 글은 그래서 이해할 수 없는 경우가 많다. 그래도 일곱 살 때보다 쓰기가 늘었다. 3학년이 되면 이제 글다운 글이 시작된다. 의견과 이유가 담긴 글을 쓴다. 아직 맞춤법도 틀리고 어법도 맞지 않지만 글을 써서 하고 싶은 말을 전할 수 있고 온라인 게시판이나 유튜브에 댓글도 달 수 있다. 4학년이면 국어 시간에 독서 감상문 쓰기를 배우고 5학년이면 기행문처럼 다른 장르의 글을 쓰는 법을 배운다. 6학년이 되면 고쳐 쓰는 법, 다시 말해 글쓰기의 가장 어렵고도 중요한 기법인 퇴고에 대해 배운다. 초등 6년 동안 아이는 글쓰기에 관하여 가장 기본적으로 알아야 할 것을 맛보기하듯 배운다. 상급 학교에 진학해 점점 더 깊이 있는 글을 쓸 토대를 만드는 것이다.

딱 자기 나이만큼의 글을 쓰는 일

하나에서 열까지 부모의 도움이 필요하던 아이가 초등학교에 입학하면 '이제 다 키웠다'는 뿌듯한 마음이 든다. 이제 제 일은 스스로 알아서 하겠거니 기대도 한다. 읽고 쓸 수 있으니 쑥쑥 실력이 늘 거라고 믿는다.

당연한 말이지만, 절대 그렇지 않다. 글쓰기는 한발 한발 천천히 나아간다. 심지어 어른도 한 장르의 글을 잘 쓴다고 다른 장르까지 저절로 잘 쓰게 되는 건 아니다. 넷플릭스 드라마로 만들어진《보건교사 안은영》을 쓴 소설가 정세랑은 첫 에세이를 쓰는 데 9년이나 걸렸다. 한 인터뷰에서 작가는 "뭐든 익숙해지려면 3년은 걸린다"는 말을 했다. 전업 작가도 이만한 시간이 걸리는데 아이는 말할 것도 없다.

물론 독서 교육에 관심이 있는 부모라면 전문가가 조언하는 비법에도 귀를 기울이고, 아이의 글 쓰는 습관과 태도를 위한 매뉴얼도 따라 한다. 책을 읽거나 강의를 들을 때는 이렇게만 하면 아이가 글을 잘 쓸 것 같은데 막상 해보면 뜻대로 되지 않는다. 실천하기 어렵고 결과도 신통치 않다. 이래저래 아이가 쓴 글은 썩 마음에 들지 않고 '아무래도 우리 아이는 글쓰기에 소질이 없나 보다' 하고 절망도 한다.

어린이가 언제나 영감이 떠오른 작가처럼 신이 나서 단숨에 글을 써내려갈 거라는 생각은 접어둔다. 아이의 글쓰기에 대해 환상을 갖거나 또래 아이들과 비교를 하거나 똑똑함을 판단하는 수단으로 바라보면 부모의 마음이 조급해진다. 적당히 객관적으로 아이의 글을 바라보려면 조바심부터 내려놔야 한다. 모든 어린이는 딱 자기 나이만큼만 쓸 수 있다. 그 이상의 글을 쓰려면 시간이 필요하다. 도리어 서툴기 짝이 없는 어린이의 글은 딱 그 시절에만 쓸 수 있는 소중한 기록이다. 무리하게 채근해서 아이의 글이 일찍 시들지 않도록 어린이다운 표현을 인정하고 존중하는 것이 글쓰기 교육의 본질이다.

4

아이의

글을 대하는 부모들의

가장 큰 실수

출판 잡지를 만들고 기사를 쓰던 때의 일이다. 인터뷰 원고를 써서 선배에게 넘겼다. 드라마나 영화에서 보면 데스크 역할을 하는 상사가 원고를 집어던지며 "이것도 글이라고 썼어!" 하고 호통을 친다. 그런 일은 없었지만 평가를 받는 순간은 언제나 조마조마했다. 잠시 후 선배는 원고를 돌려주며 "너는 시사 주간지로 자리를 옮겨 인터뷰 전문 기자를 해도 되겠다"라고 말해주었다. 그뿐이었는데 20년이 지난 지금도 그 말을 기억하고 있다. 어쩌면 그 격려의 힘으로 지금껏 글을 쓰고 있는지 모른다.

고마운 사람이 또 한 명 있다. 동화 작가 황선미 선생이다. 《아이를 읽는다는 것》을 낼 때 선생에게 추천사를 부탁했다. 《마당을 나온 암탉》이라는 최고의 동화를 쓴 작가에게 내 글을 보여주는 게 내심 부끄러워 또 조마조마했다. 얼마 뒤 선생이 추천사를 보내며 "미화 쌤이 동화 창작 공부를 해도 좋았겠다 생각했어요"라는 말을 해주었다.

자랑 삼아 이야기를 꺼낸 건 아니다. 어린이가 글을 쓰고 누군가에게 보여줄 때도 이와 비슷하게 조마조마할 거라는 이야기다. "지렁이가 기어가도 너보다는 잘 쓰겠다!"라든가 "어쩜 이렇게 성의가 없니!"라고 대놓고 말하는 건 어린이가 귀가 없고 심장이 없다고 여기는 일이다. 어린이가 쓴 글을 읽을 때는 '정성스럽게' 읽는다. 가장 중요한 첫 번째 일이다. 글이 서툴다 해도 계속 부정적 피드백을 보내는 건 다시는 글을 쓰지 말라는 말과도 같다.

그토록 반짝이던 아이들은 어디로 갔을까

가끔 "어릴 때는 표현도 좋고 스스로 이야기도 만들던 아이가 중학년이 되더니 좀처럼 쓰려고 하질 않아요"라고 말하는 부모를 만난다. 모든 어린이는 열 살이 되기 전까지 신비롭다. "어떻게 저런 말을 할까?" 싶을 만큼 독특한 표현을 한다. 애를 써서 꾸며낸 게 아니라 과일이 익으면 저절로 떨어지듯 말이 툭툭 떨어진다.

　3학년 교과서에 실린 《진짜 투명인간》이란 책이 있다. 주인공 에밀이 앞 못 보는 아저씨를 위해 색깔을 설명하는 이야기를 담았다. 이 책의 설정이 재미나서 아이들에게 에밀처럼 앞 못 보는 누군가를 위해 색을 설명해달라고 부탁한 적이 있다. 이런 글은 쉬울 것 같지만 막상 써보면 그렇지 않다. 어른들은 생각만 많았지 막상 읽어보면 글이 진부하다. 반면 아이의 글은 반짝반짝 빛난다. 쓰기라면 고개를 절레절레 흔드는 2학년 남자아이가 있었다. 부모가 책에 관해 질문을 하면 억지로 답하거나 거부할 만큼 아이는 독후 활동과 쓰기에 대해 거부감이 컸다. 그런데 그 아이가 쓴 글을 읽은 뒤 깜짝 놀랐다. 정말 글 쓰는 걸 싫어하는 아이가 맞나 싶었기 때문이다. 색에 대한 우리의 감정을 이토록 잘 표현할 수 있나 싶어 혼자 물개 박수를 쳤다.

　　빨강은 불이 타오르는 소리, 브르르르르 그런 소리가 빨강의 특징이야.
　　파랑은 하늘에 귀를 기울여 비행기, 제트기, 바람 소리를 잘 들으면 그게 파랑이야.
　　검정은 혼자 있을 때 무서운 그런 기분, 앞이 깜깜한 그런 기분이 검정이야!

　세상의 어린이는 모두 빛나는 말을 쏟아낸다. 아동문학가이자 교사로 평생 아이들의 글쓰기를 지도했던 이오덕 선생은 '어린이는 시인'이라고 했다. 맞는 말이다. 이상한 건 어린이가 글을 쓰기 시작하면 이 반짝임이 사라진다는 사실이다. 일기를 쓰고, 독서록을 쓰기 시작하는 순간 신기루처럼 어린이 고유의 감정이, 말이, 표현이 사라진다.

흔히 어린이가 '천진무구하다'라고 한다. 어린이가 '때 묻지 않고 순진'하다는 건 자기 생각을 눈치 보지 않고 있는 그대로 말하고 행동한다는 뜻이다. 아이는 맘에 드는 장난감이 보이면 친구 것이라도 상관하지 않고 갖고 놀려고 한다. 언제나 내 마음이 먼저다. 오로지 자신이 느낀 대로 말하고 자신이 생각한 대로 행동하고 지금 하고 싶은 걸 하는 현재성이 있다. 타인을 배려하거나 미래를 생각하지 않고 지금 이 순간 내가 하고 싶은 걸 한다. 아직 어리고 약해 타인을 배려할 여유가 없으니 나를 중심으로 생각하고 움직이며 이 방법으로 자신을 보호한다.

어린이는 말을 할 때도 '지금 내가 하는 말이 정답일까', '이런 말을 하면 남들이 흉보지 않을까' 고민하느라 쭈뼛거리지 않는다. 그저 떠오르는 대로 표현한다. 그러니 세상에 둘도 없는 표현이 쏟아지는 것이다. 반면 열 살이 넘으면 자신과 관계를 맺는 가까운 사람을 의식하고 그들의 시선에 맞춰 말하고 행동한다. 자아가 생겨 어린이다운 솔직함이 사라지고 타인의 시선을 의식하며 말도 아낀다.

아이가 쓴 글의 주도권은 아이에게 있다

어린이 독서 교육 방법론 중 하브루타havruta 질문법이 있다. 자유롭게 질문하는 과정을 통해 아는 것과 모르는 것을 확인할 수 있어 주입식 교육보다 훨씬 효과가 높은 것으로 알려져 있다. 하브루타 질문법은 독서법으로도 적극 활용되고 있다. 그런데 막상 가정에서 해보면 잘되지 않는다. 아이가 어려서 대화가 이어지지 않기도 하고, 부모가 자꾸 물어보면 부담을 느껴 대답 자체를 꺼리는 아이도 있다.

방법이 문제가 아니라 부모가 정답을 가지고 묻는다는 게 문제다. 부모가 주도권을 가지고 원하는 답을 이끌어내려고 마음먹을수록 일이 꼬인다. 질문과 답으로 책 내용을 깊이 이해하려는 시도는 좋지만 아이가 부담을 느끼면 안 하느니만 못하다. 독서법을 다룬 많은 책에서 아이에게 글쓰기를 요구하기 전에 먼저 아이와 대화를 하라고 권한다. 하지만 정작 부모가 책을 읽고 말하자고 하면 피하거나 싫어하는 아이가 많다. 부모가 정답을 요구한다는 걸 눈치챘기 때문이다.

쓰기에서 정답보다 더 중요한 게 있다. 어린이가 쓴 글을 만났을 때 빨간 펜은 잠시 미뤄두는 마음이다. 어린이가 쓴 글은 대개 내용이 허술하고 결론이 엉뚱하고 성의가 없다. 부모는 안타까운 마음에 "이렇게 쓰면 안 되고 정답은 이것"이라고 고쳐준다. 그러나

"이게 정답이니 고쳐 써라"라고 해봤자 별 소득이 없다. 그렇지 않아도 쓰기 싫은데 부모의 참견이나 잔소리를 귀담아듣는 어린이는 많지 않다.

이때는 입장을 바꿔 생각해본다. 부모가 글을 썼는데 누군가 읽고 "글을 뭐 이 따위로 썼어? 뭘 말하려는 건지 모르겠네. 다시 써!"라고 말한다면 어떨까. 한 번도 아니고 쓸 때마다 "그건 아니지! 이렇게 써야지!"라고 훈수를 둔다면 즐거울까. 중고생에게 글쓰기를 지도하는 베테랑 교사는 10대의 글에 코멘트를 할 때 세 가지 이상은 말하지 않는다. 지적이 너무 많으면 글을 잘 쓰고자 하는 의욕도 없어지기 때문이다.

어린이의 글을 읽을 때 우선 필요한 건 지적이나 참견이 아니다. 아무리 부족하더라도 정성스럽게 읽는 태도가 필요하다. 어린이의 글을 정성스럽게 읽으면 행간에 담긴 의미에 닿을 수 있다. 아이에게 질문을 하거나 글을 좀 더 보충해야 한다면 아이의 글로부터 출발해야 한다. 아이가 애써 써놓은 글을 덮어놓고 잘못 썼다 하고 부모의 말이 옳으니 무조건 그렇게 쓰라고 시켜서야 앞으로 나아가기 어렵다.

여기까지 읽은 독자는 '무턱대고 칭찬만 해서야 아이의 글이 늘겠어?' 하는 의문을 가질지 모르겠다. 물론 실력을 키우려면 칭찬만으로는 부족하다. 적절한 피드백이 필요하다. 틀린 걸 고치며 같은 실수를 반복하지 않도록 해줘야 한다. 많은 논술 학원에서 어린이가 쓴 글에 첨삭 수업을 한다. 글쓰기 기량을 향상시키기 위해서다. 원론적으로는 맞는 교육 방법이지만 더 중요한 것은 주체의 의지와 깨달음이다. 어린이가 자신이 쓴 글이 어떻게 바뀔 수 있는지를 눈여겨볼 준비가 되어야 한다. 무조건 피드백이 필요한 게 아니라 단계별로 적절한 조언이 필요하다. 이제 막 글을 쓰기 시작한 초등 3~4학년이라면 피드백을 받기 전에 어린이가 한 편의 글을 자기 힘으로 쓰는 경험을 여러 번 아니 많이 해야 한다. 잘 써보고 싶다는 마음이 조금이라도 생겨야 한다.

어린이는 등단하려고 글을 쓰는 게 아니다. 자기 생각이 글로 너끈하게 옮겨진다는 경이가, 글을 읽어주는 사람의 감탄이 어린이가 글을 쓰도록 이끈다. 예비 작가도 혹평과 비판을 받으면 마음을 다쳐 붓을 꺾는다. 어린 시절 글쓰기는 말할 것도 없다. '글을 썼더니 엄마에게 칭찬을 받았다!', '솔직하게 썼더니 마음이 가벼워졌다!', '생각을 하고 썼더니 글이 술술 써진다' 같은 경험이 먼저다. 적절한 피드백에도 때가 있다.

재미있게

읽었다는데
왜 쓸 말이 없을까

아이가 책 읽는 걸 보면 부모는 "재미있니?" 하고 묻는다. 아이는 재밌다고 대답한다. 그런데 독서록을 들여다보면 아이가 쓴 글에서 그 재미를 느낄 수 없다. 도리어 아이가 책을 제대로 읽은 걸까, 내용을 이해하긴 했을까, 왜 이렇게 하나 마나 한 이야기를 했을까 의구심이 든다. 한마디로 대체 책을 읽고 무엇을 느꼈는지 도통 알 수가 없다. 단지 글의 말미에 '재미있다'라는 문장을 쓰는 걸로 모든 걸 때우려 든다.

어린이가 상투적으로 재미있다 혹은 재미없다는 말을 일삼아 쓰는 건 그 말을 쓰고 나면 더 이상 다른 궁리를 하지 않아도 되기 때문이다. 무엇이 재미있는지를 쓰려면 책 속의 구체적인 사건 혹은 책과 연관된 내 경험 등이 나와야 한다. 거기까지 가지 않는 방법이 '재미있다'로 끝내는 법이다. 구체성이 없는 글은 뻔하고 지루하다. 아무리 좋은 얘기라도 와닿지 않는 건 그 글 안에 구체성이 없기 때문이다.

텅 빈 글을 쓰는 아이

아이가 쓴 글이 무미건조한 이유는 여러 가지다. 아이가 마지못해 숙제로 쓴 글이라 구체적인 상황이나 감정을 담지 않고 빨리 끝내려 했을 수도 있다. 혹은 아이가 글을 쓴다는 것이 구체적으로 설명하기라는 사실을 아직 모르기 때문일 수도 있다. 어쩌면 방금 읽은 책의 내용을 충분히 이해하지 못해 자세히 쓰고 싶어도 쓸 수 없는 경우일 수도 있다. 3학년 어린이가 쓴 독후감을 예로 들어 본다.

《명절 속에 숨은 우리 과학》에서는 우리가 미처 몰랐던 명절 속에 숨은 과학을 알 수 있다. 나도 처음에 이 책을 읽고 '이렇게 많은 과학이 명절에 숨어 있었나?' 했다. 《명절 속에 숨은 우리 과학》을 읽으면서도 '아, 이건

이래서 이렇게 됐고 저건 저렇게 해서 저렇게 됐구나' 하고 생각했다.

《명절 속에 숨은 우리 과학》은 3학년 교과서 수록 도서다. 1월부터 12월까지 우리 민족의 대표적인 명절을 소개하며 관련 과학 지식을 함께 설명하는 구성이다. 1월이면 설날과 떡국을 소개하며 떡을 만드는 디딜방아에서 지레의 원리를 찾아본다. 설날 놀이인 팽이치기에서는 마찰력의 원리를 설명한다.

설날이나 추석 같은 명절은 그저 공휴일이라고만 생각했는데 명절놀이나 음식 속에 과학 지식이 숨어 있다니 어린이는 놀랐다. 설날 말고도 영등맞이, 초파일, 유두, 중앙절, 상달고사처럼 아이에게 낯선 명절이 나온다. 이런 명절에 숨은 과학 원리는 더 생소하다. 엎친 데 덮친 격으로 잘 모르는 명절이며 과학 이야기가 나와 책을 읽기는 했지만 이해하기에는 벅찼을 테다. 그런데 필독서라 독후감을 쓰긴 써야 한다. 아이로서는 난감한 상황이라 기발한 글이 나왔다. 책의 내용을 소개하는 대신 "이건 이래서 이렇게 됐고 저건 저렇게 해서 저렇게 됐구나"라고 썼다. 세 문장으로 된 글이지만 '명절 속에 이렇게 많은 과학이 숨어 있다'는 한 문장만 담은 글과 다름없다.

무엇이 재미있었는지를 쓰는 것이, 어떤 지점에서 무엇이 다른지를 말하는 것이 비평이다. 성인도 어떤 책을 읽거나 영화를 보았을 때 뭐라고 꼭 집어 말하기 어려울 때가 많다. 내가 잘 아는 분야라면 이 점이 다르고 이런 점이 재미있다고 말할 수 있다. 하지만 난생처음 보는 현대미술 앞에 서면 그저 '이것도 그림이야?'라는 말밖에는 달리 표현할 수 없을 때가 있다. 어린이도 그렇다. 어린이는 책에서 설날과 추석이 아닌 명절을 처음 알게 되고, 그에 관련된 과학 원리가 있다는 것을 이제 갓 알았을 뿐이다. 책이 어려웠다면 어렵다고 말할 수 있는 자유가 있었다면 아이의 글이 조금은 달라졌을 것이다.

고대영 작가의 그림책 《거짓말》에서 주인공 병관이는 길에서 주운 돈 때문에 거짓말을 거듭하다가 결국 엄마에게 혼쭐이 난다. 2학년 어린이가 이 책을 읽고 짧은 글을 썼다. 아이가 얼마나 놀랐는지 느껴진다. 짧지만 구체적으로 솔직하게 썼기 때문이다.

나도 병관이처럼 아주아주 똑같이 거짓말을 한 적이 있다. 엄마 허락 없이 문방구에서 계산을 하려 했는데 엄마 눈이 내 눈과 딱 마주쳤다. 그 순간 얼어붙었다. 그때 깜짝 놀랐다. 다시는 거짓말을 하지 않을 거다. 다시는.

어떤 생각이나 느낌이 들었을 때 그 이유를 소상히 쓰는 것, 이것이 글쓰기의 첫 번째 일이다. 대개는 긍정적인 느낌을 써야 한다는 강박이 있다. 이 책을 읽고 이걸 알고 저걸 느꼈다는 식의 글이다. 하지만 모르면 모른다고 쓸 자유가 어린이에게는 있다. 뻔하지 않고 울림이 있는 글은 '이런 이야기를 하면 남들이 웃지 않을까'

하는 감정과 상황을 솔직하게 토로한 글일 때가 더 많다.

부모의 걱정이 틀에 박힌 글을 만든다

독서록 쓰는 법을 가르칠 때 부모나 교사는 아이에게 일정한 원칙을 말해준다. 시작 부분에는 '책을 읽게 된 동기나 느낌, 감동을 받은 대목, 지은이나 주인공을 소개'하고 마지막에는 느낀 점을 적으라고 한다. 글의 구성 요소를 안다고 글을 쓸 수 있는 건 아니며 느낀 점이 하루아침에 써지는 것도 아니다. 그럼에도 어린이는 부모와 교사가 원하는 대로 해보려고, 잘 보이려고 애쓴다. 그 결과 아이들이 쓴 글이 모두 똑같아진다. 모든 글에서 시작하는 대목과 마무리가 똑같다. 특히 마무리에 대한 강박이 심하다. 하나같이 '나에게도 슈퍼 영웅이 있으면 좋겠다'거나 '나도 찰리처럼 착한 남동생이 있으면 좋겠다'처럼 바람이나 다짐으로 글을 맺는다. 쓰긴 써야겠는데 쓰기 어려우니 기계적으로 반성을 한다. 이런 글쓰기 버릇은 두고두고 남아서, 성인들에게 글을 받아보면 언제나 자신에 대해 반성하고 다짐을 한다.

반대로 어린이가 반성이나 느낌이 아니라 자기 생각을 솔직하게 쓴 글을 보면 부모는 걱정이 된다. 대개 부모가 보기에 엉뚱한 내용이란 어린이가 재미있어서 꽂힌 대목을 쓸 때다. '왜 아이는 별 의미 없는 세부에 집착하는 걸까', '혹시 아이가 책을 대충 읽은 건 아닐까' 의심도 한다. 나아가 '이 책의 주제는 이런 것'이라고 가르치고 싶어 참을 수가 없다.

1880년 출간된 빅토리아 빅터의 《악동 일기》를 읽고 초등 4학년 남자 어린이가 글을 썼다.

조지는 엄청난 악동이다. 왜냐하면 뒷면에 욕이 써진 사진들을 다른 사람에게 나눠줘서 파티에 안 오게 했고, 총을 싸 슬로쿰 목사님이 죽을 뻔하고, 학교 교실에 불을 냈고, 굴뚝에 화약을 설치해 집이 엉망진창이 된 거 등 엄청 많은 장난을 쳤다. 하지만 그중에서 가장 기억에 남는 건 만우절 때 화재경보기를 울린 것이다.

불도 안 났는데 화재경보기를 울린 게 너무 재미있었기 때문이다. 나도 어릴 때 악동이었지만 조지만큼은 아니었다.

물론 《악동일기》에서 조지의 장난은 해석의 여지가 있다. 작가의 의도는 그 너머에 있다. 하지만 초등학교 4학년 어린이는 오로지 못 말리는 장난에만 꽂혀 있다. 부모는 답답하고 걱정이 된 나머지 아이의 글 아래 부모의 생각을 적어두었다.

조지는 왜 그런 장난을 했을까? 조지의 장난으로 가족들은 곤욕을 치른다. 파티를 좋아하고 부자, 잘생긴 남자와 결혼하는 것을 최고의 가치로 여겼던 누나들은 조지의 장난으로 본 모습이 드러났다. 돈과 명예를 중시하던 시대, 그 시대를 대표하는 어른들은 조지의 장난으로 조롱받는다. 순수한 아이의 모습을 통해 겉모습을 중시하는 어른들의 민낯이 드러난다. 그래서 조지의 장난은 혼날 만하지만 또 우리에게 통쾌함과 재미를 준다.

다행스럽게도 아이의 글을 고치려 들지 않고 엄마는 이렇게 생각한다고 댓글을 달아주는 데서 그쳤다. 사실 부모의 생각을 강요해봤자 3~4학년쯤 되면 진정으로 듣지도 않고 별 효과도 없다. 도리어 아이가 왜 그게 재미있을까를 부모가 한 번쯤 생각해보는 것이 더 바람직하다.

어린이가 책의 주제 의식과 상관없는 세부에 꽂히는 건 정말로 그게 신기하고 재미있어서다. 아이는 아직 처음 만나는 일이 많다. 마치 낯선 곳에 온 여행자와 같다. 여행자는 말이 통하지 않는 이국에서 기차표를 사는 것도 스릴이 넘치고, 음식점에서 메뉴판을 보는 것도 새롭고, 길거리의 사람들마저 신기하다. 익숙하지 않고 낯설기 때문에 모든 감각이 열린다. 반면 익숙한 일상은 거의 의식하지 않고 신경도 쓰지 않는다. 다 아는 일이라고 생각해 눈을 감고 산다. 여행자의 시선으로 책을 읽는 아이들은 책에서 만나는 새로운 이야기에 쉽게 시선을 빼앗긴다.

《나는 기다립니다》라는 그림책이 있다. 이 그림책을 좋아하는 후배는 10여 년 사이에 그림책에서 좋아하는 장면이 바뀌더라는 이야기를 전했다. 연애 시절에는 두 사람이 만나 얼굴이 붉어지는 장면이 마음에 들어왔다. 엄마가 되고 나니 아이들이 자라기를 바라는 장면이, 부모님이 연로하신 지금은 홀로 된 남자가 자녀를 기다리는 장면에 눈길이 오래 머물게 된다고 했다.

　어른도 자신의 세계가 넓어지며 볼 수 있는 것이 달라진다. 어린이도 이 낯선 도시에 점차 익숙해지면 전체를 조망할 것이다. 여행자에게 필요한 건 좀 헤매더라도 새로움을 충분히 즐길 수 있는 열린 마음이다.

6

논리적이고

비판적인 글쓰기에
대한 집착

어린이 글쓰기 교재에 빠지지 않고 붙는 미사여구들이 있다. '논리적 사고', '비판적 사고'를 키워준다는 문구다. 논술이 중요하다는 생각은 자칫 어린이 글쓰기의 목표를 '논술'로 한정하는 오류를 범하기 쉽다. 하물며 학습 만화를 포장하기 위해 '수학논술만화'라는 문구를 갖다 붙이고, 역사와 논술을 합친 통합 프로그램을 자처하는 '역사논술'이라는 용어도 생겨났다. 부모의 불안을 자극하는 마케팅이다.

남을 설득할 수 있는 논리

　논술이란 무엇인가. 논술이란 '주어진 주제에 대해 글쓴이가 자신의 의견이나 주장을 논리적으로 서술하는 글'을 말한다. 이렇게 써진 글을 다른 사람이 읽었을 때 '이 사람 의견이 일리가 있군' 하고 수긍할 수 있어야 한다. 다시 말해 누구나 납득할 만한 근거를 가지고 주장을 펼치는 것이 중요하다. 흔히 대학 입시의 논술문 쓰기에서 주제로 제시되는 것은 정답이 없는 보편적인 논제다. 정답이 있어 그 많은 수험생이 정답을 달달 외우려 들면 곤란하다. 실제로 학생들이 쓴 논술문을 심사할 때 가장 곤혹스러운 것이 글의 내용이 대동소이한 것이다. 비슷한 사례와 판박이처럼 같은 결론을 나열한 글이 좋은 평가를 받을 리 없다. 구체적 사례를 근거로 들어 주장하되 자기 생각이 뚜렷해야 좋은 글이다.

　논술이라고 하면 막연하지만 '주장하는 글'이라고 풀어 쓰면 훨씬 명확해진다. 주장하는 글을 배우는 건 초등학교 5학년이 되어야 하지만, 그 전부터 어린이는 주장하는 말을 한다. 어린이가 사고 싶은 포켓몬 카드가 있을 때 맘대로 살 수 없다. 부모를 설득해야 한다. 이럴 때 아이들은 떼를 쓰거나 운다. 말로 부모를 설득하는 법을 모르기 때문에 억지를 쓰거나 부모를 난처하게 만들어 원하는 걸 얻어낸다. 언어가 아니라 감정을 무기로 활용하는 것이다.

　어린이가 4~5학년 정도 되면 어떤 주장을 할 때 근거를 들어 자기 생각을 말할 수 있다. 게임을 하고 싶다면 왜 하고 싶은지, 어떻게 하고 싶은지를 말할 수 있다. 이때 무조건 안 된다고 하지 말고 어린이의 주장을 들어준다. 어린이도 눈치가 빨라서 무조건 게임을 하겠다고 하면 통하지 않을 거라는 걸 안다. 부모 마음에는 안 들 수 있지만 나름 합리적인 방안과 근거를 가지고 게임을 해야 하는 이유를 말할 수 있다.

어린이가 잘 아는 일이고 중요한 사안이라면 나름의 근거를 들어 자기 생각을 말하는 것이 어렵지 않다. 다시 말해 어린이도 생각과 근거를 들어 주장할 수 있다. 한데 논술이라는 이름을 달면 어려운 먼 나라 이야기가 된다. 게다가 어린이 논술 교재를 훑어보면 제시문이나 논제가 상당히 어렵다. 5학년 대상의 논술 교재에는 '장애인 의무 고용이 필요한가', '법에도 관용은 필요한가'에 해당하는 제시문이 나온다. 어린이가 주장하는 글쓰기를 배우기도 전에 압도된다고 할까.

논술이란 주장하는 글이고, 이 글의 목적은 읽는 사람을 설득하는 일이다. 설득하기 위해서는 내가 하는 주장에 대한 근거가 필요하며 필요한 지식을 습득해야 한다. 또 그럴듯한 주장이 되기 위해 짜임새 있는 구조를 만들어 내용을 채우는 편이 효과적이다. 논술에 흔히 사용하는 서론-본론-결론의 3단 구성이나 4단 구성은 그래서 필요하다. 하지만 논술문이 어려운 건 구성 때문이 아니다.

쓰면서 자라는 아이들

논리적인 글을 요구하기 전에 해야 할 일

논술뿐 아니라 글쓰기가 어려운 건 한 편의 글이 유기적으로 연결되어야 하기 때문이다. 글 전체가 논리적으로 연결되어야 한 편의 글이 생명력을 지닌다. 그런데 어린이가 한 편의 글 안에서 근거와 설명을 연결하고 이렇게 만든 문단이 모여 하나의 주장으로 모이는 글을 처음부터 잘 쓰기란 쉽지 않다.

원인 중 하나는 어린이의 발달 과정이다. 이마 안쪽에 자리한 전두엽은 가장 늦게 발달하고 제일 먼저 노화하는 뇌의 영역으로 알려져 있다. 전두엽이 발달하지 않으면 감정 조절이나 충동 억제가 어렵다. 우리의 기억력과 사고력을 담당하는 전두엽은 12세 무렵이면 어른 수준으로 성장한다. 이 무렵 논리적이고 추상적인 사고 능력이 생기고 논리적인 글도 시작할 수 있다. 논리적인 글을 쓰려면 논리적인 글을 읽고 이해할 수 있는 나이가 되어야 한다.

'비판적으로 쓰기'도 어린이들을 괴롭히는 방법이다. 비판적으로 생각하라고 할 때 처음 떠오르는 생각은 흠집 찾기다. 상대의 주장에서 잘못된 점을 찾아내야 한다고 여긴다. 그와는 다른 나의 주장을 펼쳐야 한다고 믿는다. 이런 생각이 있다면 글을 쓰기 어렵다. 특히 어린이는 아직 배경지식도 부족하고 근거를 들어 자기주장을 펼치기도 어려운데 남의 주장에 대해 근거를 들어 반박하기란 정말이지 우물가에서 숭늉을 찾는 일이다.

논리적이고 비판적인 글을 쓰기 위해 '논술' 교재를 푸는 것보다 일상에서 어린이가 자기주장을 펼 수 있는 기회를 주는 편이 값지다. 무조건 반대하거나 무조건 수용하지 말고 언제나 "왜?"라고 묻고 말할 기회를 준다. "왜 만화책을 봐야 하는지 이유를 두 가지만 얘기해보자!", "왜 게임을 하루에 한 시간이 아니라 두 시간씩 해야 하는지 이유를 이야기해보자"와 같이 묻는 일부터 시작한다. 당장 하고 싶은 일이 걸린 문제라면 어린이도 진지해진다. 이처럼 어린이가 부모를 설득해야 하는 일이 일상에서 생각보다 많다. 글을 쓸 때도 이런 현실적인 주제라면 더 수월하게 말하고 쓸 수 있다.

어른들은 자기 필요에 따라 어린이를 다 컸다고 여기거나 아직 어리다고 치부한다. 한 사람의 인격자로 대우하면 어린이는 스스럼 없이 자기주장을 하고 근거를 들어 말할 수 있다. 어린이는 처음부터 추상적인 논제를 받아 자기주장을 논리적으로 펴는 글을 쓸 수 없다. 글쓰기도 다른 모든 배움처럼 천천히 단계를 밟아가야 한다. 특히 어린이의 글쓰기는 삶과 연결되는 것부터 시작해야 한다. 부모는 어린이에게 논설문 쓰는 법을 가르칠 수는 없지만 어린이가 자기주장을 근거를 들어 말하고 쓰는 연습을 하게 할 가장 좋은 파트너다. 일상에서 아이와 부딪히는 크고 작은 갈등이 모두 주장하고 근거를 대고 설득할 수 있는 토론 주제다. 여기서부터 주장하는 글은 시작된다.

7

아이의

글쓰기를　자라게 하는

　　　　　　　　　단 한 가지

　　　　　　　　　학부모와 자녀가 함께 참여하는 워크숍을 기획한 적이 있다. 부모들은 모두 너무나 적극적이었지만 어린이의 생각은 달랐다. "또 독후감 쓰는 건가요?", "써야 하는 거라면 저는 안 할래요!" 하며 고개를 젓는 아이들이 많았다. 이렇게 싫어하는데 우리는 왜 어린이에게 쓰기를 가르치는 걸까. 어린이를 괴롭히고 글쓰기를 지긋지긋하게 만들려고 쓰기를 가르치는 건 아닌데 말이다.

글쓰기의 효능

어떤 사안에 대해 내가 얼마나 제대로 알고 있는지 궁금하다면 글을 써본다. 글을 쓸 때는 도망갈 구멍이 없다. 어떤 주장을 펼쳤는데 궁색하다고 능구렁이처럼 다른 말로 넘어가거나 두서없이 횡설수설할 수 없다. 말은 모두 날아가버리지만 써놓은 글은 남는다. 다른 누가 아니라 내가 확인할 수 있다.

바꾸어 말하면 글을 쓴다는 것은 어떤 주제에 대해 깊이 있게 사고하는 힘을 키우는 일이다. 한 편의 글을 쓰기 위해서는 문제의식을 가져야 하고, 쓸거리를 마련하기 위해 자료를 조사하거나 공부를 해야 한다. 그리고 자기만의 아이디어를 끈질기게 발전시켜야한다. 지금껏 인류의 발전은 이런 과정을 거친 생각의 역사를 통해이뤄졌다. 수천 년 동안 인류가 했던 생각들은 책으로 남아 있다. 생각의 역사가 곧 쓰기의 역사인 것이다. 그런데 저학년 시절에는 읽기와 쓰기를 강조하다가 정작 책다운 책을 읽고 글다운 글을 써야 할 고학년이나 청소년 시기가 되면 속수무책으로 손을 놓는다. 안타까운 일이다. 전략은 반대가 되어야 한다. 초등학교 시절에는 읽기와 쓰기의 즐거움과 재미를 최대한 누릴 수 있도록 돕고 10대에 접어들면 글다운 글을 쓸 수 있도록 지도해야 한다.

쓰기가 좋은 또 다른 이유는 쓰고자 하는 주제에 대해 집중하는 힘을 기를 수 있다는 점이다. 많은 독자들이 내 인생의 책으로

쓰면서 자라는 아이들

손꼽는 《작은 아씨들》이 있다. 주인공 네 자매 모두 개성적이지만 이 중 작가 지망생 조를 빼놓을 수 없다. 소설 속 조의 모습은 글쓰기가 주는 몰입의 기쁨을 잘 드러낸다.

> 조는 자신이 천재라고 생각하지 않았지만 글이 잘 쓰일 때면 모든 것을 잊고 몰입했다. 결핍도 근심도 좋지 않은 날씨도 의식하지 않고 상상 세계 속에 안전하고 행복하게 들어앉아 작가에게는 현실과 다름없는 상상 친구들과의 삶을 즐기며 희열을 느꼈다. 그럴 때면 잠도 오지 않고 식욕도 동하지 않았다. 그렇게 행복한 몰입의 순간이 찾아올 때면 밤낮이 짧게 느껴졌고, 결실을 맺지 못해도 매시간이 너무 소중했다.●

1868년 출간되어 백 년이 넘도록 독자들에게 사랑받고 영화로도 수차례 제작된 《작은 아씨들》을 쓴 루이자 메리 올컷에게만 이런 몰입이 찾아오는 게 아니다. 글쓰기는 누구에게나 공평하게 집중과 몰입의 희열을 선물한다. 무엇을 써야 할지 오래도록 고민하고 끙끙거리다가 '이거다' 하는 마음이 들 때가 찾아온다. 신이 나서 글을 써내려갈 때 우리 모두는 작가다. 결국 인생이란 무엇에 집중할 수 있느냐, 얼마나 집중하느냐에 달려 있다. 아이들이 글쓰기를 통해 쓰는 일의 희열을 단 한 번이라도 느껴보는 것, 그것보다

● 루이자 메이 올콧 지음, 공보경 옮김, 《작은 아씨들》, 월북(2019)

더 귀한 글쓰기 교육은 없다.

신인 작가들을 찾아 인터뷰를 한 적이 있다. 중년에 이르러 소설을 쓴 작가도 있었고 두 아이를 키우며 첫 책을 펴낸 경우도 있었다. 일이 많기로 소문난 광고 회사에 다니며 책을 써낸 작가도 있었다. 인터뷰를 마무리하며 꼭 "왜 글을 쓰는지", "글쓰기가 당신에게 어떤 의미인지"를 물어봤다. 요즘처럼 본다는 것과 듣는다는 것의 감각이 우위에 있는 시대에 어렵게 글을 쓰려는 이유가 궁금해서다.

굴지의 광고 회사인 제일기획에 근무하며 글을 쓰는 김혜경은 이런 말을 해주었다. "글을 써보면 다 잊었다고 여겼지만 여태 마음에 품고 속상해하는 일이 무엇인지를 깨달을 때가 많아요. 글을 쓰고 나서야 과거의 그 사람을 진정으로 용서할 수 있을 때도 있었어요. 글을 쓰며 무얼 좋아하는지, 그걸 좋아하는 나란 사람은 누구인지에 좀 더 가까이 다가갈 수 있더라고요." 그러고는 "글쓰기는 정신 건강을 위한 현대인의 필수 자질이 아닌가요?" 하며 웃었다. 쓰기를 통해 온전히 자신을 만나는 시간을 가질 수 있다는 말이다.

성인은 물론이고 어린이도 자기감정을 알아차리고 표현하는 일이 중요하다. 내 감정은 무엇으로 알아차리고 표현할 수 있을까. 언어로 표현해야 감정이 구체적으로 드러나고 내 감정이 이해된다. 감정의 정체를 분명하게 인식하지 못하는 한 '내 마음 나도 몰라'일 때가 많다. 쓰기는 감정의 표현이자 이를 통한 치유의 기능이 있다.

쓰면서 자라는 아이들

글을 쓰는 동안 우리는 사고하는 힘, 집중하는 힘, 표현하는 힘을 기를 수 있다. 글쓰기를 통해 얻을 수 있는 가장 큰 자산이다.

부모는 땔감을 공급하는 사람

글쓰기의 장점을 나열하는 것은 어렵지 않지만 그럼에도 남는 고민은 '글쓰기는 어렵다'는 사실이다. 글쓰기를 부모가 가르치기는 더욱 어렵다. 글쓰기는 자전거를 타거나 수영을 하는 것과 비슷하다. 남이 하는 걸 보기만 해서는 절대 익힐 수 없다. 말로나 글로 배울 수도 없다. 자전거를 배울 때 우리는 직접 페달을 밟고 비틀거리며 조금씩 앞으로 나아가고 넘어져 무릎이 깨지기도 한다. 그러고 나면 서툴지만 탈 수 있다. 자전거가 넘어지려고 할 때 넘어지는 방향으로 핸들을 꺾으라는 말도 안 되는 조언을 직접 해보지 않으면 이해할 수 없다. 수영을 할 때 몸에 힘을 빼고 물을 타야 한다는 원리를 말로는 이해할 수 없다. 물이 두려워 몸에 힘이 들어가면 앞으로 나아가기는커녕 가라앉는다. 글쓰기 역시 몸으로 해봐야 어떻게 쓰는지를 알 수 있다. 그래서 글쓰기를 몸으로 익히는 기예라고 말한다.

아이의 글쓰기에서 부모가 할 수 있는 일은 많지 않다. 하지만 중요하다. 부모의 역할은 힘을 주는 게 아니라 빼게 하는 일에 가

깝다. 어린이가 쓰기라면 고개를 절레절레 흔들지 않고 꾸준히 쓸 수 있도록 자극하는 역할을 맡아야 한다. 어떤 분야의 전문가도 자기 분야의 지식을 자녀에게 가르치는 건 쉽지 않다. 가르치려는 마음을 갖거나 갖지 않거나 가르칠 수 없는 건 매한가지다.

어린이는 쓰고 싶은 글을 마음껏 쓰는 경험을 해야 한다. 제힘으로 글 한 편을 완성하는 체험이 쌓이고 또 쌓여야 한다. 수많은 글쓰기 지도서에서 어린이가 하루에 단 몇 줄이라도 지속해서 쓰도록 강조하는 이유는 그만큼 쓰는 일이 중요해서다. 한데 방법론만 알지 이유와 의미를 모르면 엉뚱한 결과를 낳는다.

워크숍을 시작할 때 부모들은 이구동성으로 "아이가 쓰기를 싫어해요"라고 말했다. 비록 짧은 기간이지만 워크숍이 끝날 무렵 재미난 일이 생겨났다. 말하기와 그림 그리기만 좋아하고 쓰기는 어려워한다고 했던 3학년 남자 어린이가 마지막 날 이런 말을 했다. "(글쓰기 수업이 끝나) 너무 아쉽다. 엄마! 우리끼리 계속하면 안 돼?" 분명 '글쓰기 숙제가 싫어서 몸을 배배 꼬던 아이'였는데 짧은 시간이지만 쓰고 싶은 이야기를 표현하는 재미와 희열을 눈치챈 것이다.

레미 크루종의 《아무 것도 없는 책》(주니어RHK)은 책이 주는 힘 나아가 인간이 가진 창조의 힘을 비유적으로 이야기한다. 한 권의 책을 만나면 아이디어가 피어난다. 그것이 글이고 예술이고 창조가 된다. 할아버지가 손녀에게 아무것도 적혀 있지 않은 책을 건네준

쓰면서 자라는 아이들 _____

다. 할아버지는 손녀에게 아무 글도 없지만 이 책을 펼칠 때마다 네 머릿속에 새로운 생각이 떠오를 거라고 말해준다. 새로운 생각에는 '재미있는 생각, 쓸모 있는 생각, 착한 생각, 시적인 생각, 위대한 생각, 기막힌 생각'도 있다. 이와는 반대로 '시시한 생각, 평범한 생각, 멍청한 생각, 이상한 생각, 별것 아닌 생각, 슬픈 생각'도 포함된다.

부모 마음에 드는 잘 쓴 글만 글은 아니다. 어린이가 쓴 이상하고 시시하고 기막힌 글도 모두 글이다. 모든 어린이에게는 '머릿속에 또렷하게 떠오르는 새롭고 간단한 생각들, 원래 머릿속에 있었던 생각 같기도 하고, 하고 나면 이 세상에 없어서는 안 될 것처럼 여겨지는 생각들'이 있다. 이런 생각을 표현하고 쓰는 일이 먼저다. 글을 쓰려면 머릿속 생각을 이리 굴리고 저리 굴리며 조금씩 부풀려 그럴듯한 모양으로 만들어야 한다. 이때 부모는 아이가 생각을 자극하도록 땔감을 공급하는 역할을 맡아야 한다. 좋은 교사는 가르치는 사람이 아니라 자극하는 사람이다. 책을 읽고 독후감을 쓰는 건 책이 생각을 자극하는 가장 좋은 도구이기 때문이다. 독후감을 쓰기 위해 책을 읽는 게 아니다. 책이라는 자극에 답하는 일이 독후감이다.

어린이의 글쓰기는 이제 시작이고 가야 할 길이 멀다. 부모는 지금 어린이가 쓴 글을 완성작으로 재단하지 말고 과정으로 여겨야 한다. 글쓰기에서 부모는 평가자가 아니라, 아이를 자극하고 생각을 피우기 위한 땔감을 공급하는 사람이어야 한다.

2부

글쓰기가
만만해지는
7가지 방법

1

연필 대신
말로 쓰기

글쓰기 교육을 다룬 책마다 단골로 나오는 조언이 있다. 어린이가 쓰기를 어려워하고 막막해할 때 먼저 말로 해보게 하라는 권유다. 글을 쓰는 건 못 해도 말로 뱉는 건 할 수 있다는 설명이다. 한 권의 그림책이나 동화책을 읽고 어떻게 아이에게 질문을 하거나 대화를 이어갈지 상세하게 소개하는 방법론이 나오기도 한다.

말로 먼저 하기는 좋은 방법론이다. 그런데 문제가 있다. 이 유익한 방법을 실천하려고 시도하자마자 벽에 부딪힌다. 어린이는 읽은 책에 대해 말해보자는 부모의 요구를 거절한다. 차라리 혼자 책을 읽게 놔두라는 아이부터 부모 앞에서 책 내용을 이야기하기 싫다는 아이까지, 거부하는 이유도 다양하다. 효과적인 방법인데 왜 안 될까. 부모가 왜 이 방법을 쓰는지 이유를 정확히 모르기 때문이다.

글쓰기 이전에 말하기가 있다

글을 쓰기 어려워하는 어린이에게만 말로 먼저 하라고 요구하는 게 아니다. 성인을 위한 글쓰기 입문서에도 단골로 나오는 주문이 '말하듯 쓰기'이다. 성인도 글을 쓸 때 유식한 척하려 들면 어깨에 힘이 들어간다. 쓰기 힘들어진다. 이럴 때 "당신은 말을 잘하잖아요. 당신이 지금 말한 걸 그대로 써요. 말하듯 쓰면 돼요"라고 조언한다. 김우중 전 대우그룹 회장, 김대중 전 대통령, 노무현 전 대통령의 연설문을 작성한 강원국 작가는 특히 글쓰기 비법으로 말하기를 손꼽는다. 말하듯 쓴 글 즉 입말 투의 글은 술술 읽힌다. '그리스 로마 신화'로 유명한 이윤기 선생의 에세이가 그랬고, 《말하기를 말하기》 등을 쓴 김하나 작가의 글도 귀에 착착 감겨 매력적이다.

여기서 주의할 것이 있다. '말하듯 쓰라'는 건 정말 말을 글로 옮기라는 뜻은 아니다. 자기 검열이 심한 글쓰기와 달리 의식하지 않고 내뱉을 수 있는 말의 장점을 최대한 활용하자는 뜻이다.

말하기는 본능인 데다 비언어의 도움까지 받는다. 말을 할 때는 언어 외에 몸짓, 표정, 억양, 감정 같은 비언어가 동원된다. 비언어의 비중은 생각보다 크다. 심리학자 앨버트 메라비언에 따르면 의사소통에서 비언어가 차지하는 비율이 무려 93퍼센트나 되는데 말은 겨우 7퍼센트밖에 안 된다. 그러나 글을 쓸 때 비언어는 모두 사라진다. 내가 전달하고자 하는 내용을 제대로 설명하기 위해서는 생략된 상황과 감정과 앞뒤 맥락을 써야 한다. 말을 그대로 받아 적는다고 글이 되는 게 아니라 마치 외국어를 번역하듯 뜻이 통하도록 말을 글의 언어로 바꿔줘야 한다.

어린이는 말의 세계에서 문자의 세계로 이행하는 중이다. 한글을 배우고 초등학생이 된 후에도 꽤 오랫동안 글을 쓰는 것보다 그림 그리는 걸 좋아하는 아이들이 많다. 글을 모르는 사람에게 세상의 모든 것은 이미지다. 이미지에 익숙한 아이들은 그림으로 표현하는 게 더 손쉽다. 그래서 글쓰기가 아직 익숙하지 않다면 학년과 상관없이 그림이나 말부터 시작하는 것이 옳다.

잘 들어주어야 글이 탄생한다

글쓰기가 아직 서툴고 힘든 아이라면 말이 글이 될 수 있다는 사실을 먼저 느껴야 한다. 아이가 그린 그림을 보고 무엇을 표현한 것인지를 물어보고 부모가 대신 써서 보여주는 것도 방법이다. 아이가 처음 쓰는 글은 완전한 문장이 되지 못한다. '몇 학년인데 아직도 이렇게밖에 글을 못 쓰나'라고 걱정하는 대신 아이에게 무슨 이야기를 하고 싶었는지 물어보고 부모가 완전한 문장으로 적어서 보여준다. 어린이는 이 과정에서 말이 글이 되는 걸 보고 느낄 수 있다.

〈올챙이 발가락〉(2020년 봄호)을 읽다가 진영 금병초등학교 이정호 선생의 사례를 읽고 옳다구나 싶었다. 이정호 선생 반에는 3학년인데도 아직 글 쓰는 걸 두려워하고 국어나 글쓰기 시간마다 '돌부처'가 되는 유찬이가 있었다. 어머니가 베트남인이라 우리말에 서툰 까닭이 컸다. 하루는 무화과나무 아래서 선생과 유찬이가 이야기를 나눴다. 유찬이는 무화과는 초록 열매가 달달하고 맛있으며, 할머니가 초록 무화과를 따주셨는데 이제는 큰아빠 집에 가서 볼 수 없다는 사연을 들려준다. 교실로 돌아온 선생은 유찬이에게 "아까 무화과나무 밑에서 한 말 다시 말해줄 수 있어? 너 공책에 내가 써줄게"라고 제안한다.

유찬이는 분명 글이 서툴다. 하지만 말을 못하는 건 아니다. 선생은 유찬이가 들려준 말을 받아 적어 아래처럼 글로 되살려내 보여주었다.

무화과는 / 초록색이 맛있어요.

물이 없어도 달달하고 / 설탕 같은 느낌이에요.

우리 집 주차장에 / 무화과가 있어요.

나무가 딱 하나 있는데 / 열매가 많이 열려요.

할머니가 운동하다가 / 따주셔요.

할머니는 추석 때부터 / 큰아빠 집에 살아요.

할머니가 우리 집에 / 오면 좋겠어요.

말이 글이 되면 느낌이 달라진다. 뱉어내면 바로 사라지는 말과 달리 종이에 적어내려간 글은 좀 더 그럴듯해 보인다. '글이 어렵기만 한 게 아니라 내가 했던 말을 옮기면 되는구나'라는 사실을 확인하며 어린이는 서서히 글 쓰는 사람이 될 수 있다.

이때 중요한 것은 잘 들어주는 사람이다. 어린이가 하는 말을 잘 들어주는 사람이 꼭 필요하다. 아이와 책 이야기를 할 때 부모는 제대로 읽었는지만 확인하려 든다. 그러면 아이는 눈치를 채고 금세 입을 닫는다. 언어능력이 낮을수록 비언어 능력은 높기 마련이다. 말하기를 어려워하는 아이일수록 상대의 표정이나 몸짓이 뜻하는 바를 빨리 알아차린다. 내용 확인보다는 어린이의 말을 잘 들어주고 추임새를 넣어준다. 아이가 하는 말속에서 진짜 궁금한 걸 물어본다.

말하기부터 시작하는 독서 교육이 실패하는 건 '네가 얼마나 잘 읽었는지 확인할게' 하는 마음으로 묻기 때문이다. 중요한 것은 그

게 아니라 글로 쓰기가 어려우니 먼저 말로 자유롭게 표현하도록
길을 열어주는 일이다. 아이가 얼마나 잘 알고 있는지 확인하는 방
법이 아니다.

2

쓸거리를
궁리하는 연습

일기를 쓰든, 독후감을 쓰든 어린이가 연필을 잡고 나서 가장 많이 하는 말은 이게 아닐까. "엄마, 뭘 써?", "뭘 써야 할지 하나도 모르겠어!", "쓸 게 없어!" 일기는 오늘 하루 아이가 겪은 일 중에 글감을 하나 골라 쓰는 것이고, 독후감 역시 아이가 읽은 책에 대해 쓰는 것이다. 둘 다 이미 겪었고, 읽은 대상이 있는데 쓸 말이 없단다. "뭘 써야 할지 모르겠어요"는 정말 글감이 없는 게 아니라 글을 쓰는 데 필요한 구상의 단계가 어렵다는 뜻이다.

어린이만이 아니라 처음 글을 쓰는 이들이 가진 오해가 구상에 관한 것이다. 쓰기의 과정은 연필을 잡고 책상에 앉는 순간부터 시작되는 게 아니다. '무엇을 써야 할까'를 머릿속으로 구상하는 것이 쓰기의 첫 단계다. 무엇을 쓸지를 생각하지 않고 무작정 쓰려고 하면 쓸 게 없다. 막막하다.

생각하지 않으면 쓸 말이 없다

초등 4학년 어린이가 독도에 관한 내용을 담은 논술 교재의 한 챕터를 읽었다. 지문을 읽고 나서 마지막으로 '독도를 지키는 분들에게 감사 편지'를 써야 했다. 여기까지 해야 오늘 엄마와 약속한 분량이 채워진다. 빨리 숙제를 해치우고 자유의 몸이 되고 싶은 마음은 굴뚝같은데 뭐라 할 말이 없다. 그러다 보니 묘한 글이 되었다.

오늘 고맙다는 말을 하려고 이렇게 편지를 썼습니다. 독도를 지키시는 분들, 항상 독도를 지켜주셔서 감사합니다. 앞으로도 독도를 열심히 지켜주시기 바랍니다. 저는 이제 가보겠습니다. 그럼 안녕히 계세요.

쓰기 이전에 되짚어보고, 정리하는 시간이 필요하다. 덮어놓고 무작정 쓰려고 할수록 쓸 얘기가 없다. 이때 할 수 있는 방법론이 말로 먼저 해보는 것이다. 말과 글은 모두 생각과 감정을 표현하는 수단이다. 글은 후천적으로 습득해 얻은 능력인 반면 말은 본능이므로 어린이도 자기 생각과 느낌을 충분히 말로 표현할 수 있다. 그러니 글을 쓰기 전에 '누군가에게 말을 하며 써야 할 내용을 구상'하는 단계를 거치면 효과적이다.

직장에서도 흔히 브레인스토밍을 한다. 쓸모가 있건 없건 어떤 사안에 대해 머릿속에 떠오르는 대로 아무 말이나 한다. 이런 식으로 일단 말문을 트고 아이디어를 낸다. 그러면 얽혀 있던 생각이 말이 되어 나온다. 말이 생각을 부르고, 말을 하면서 생각의 가닥이 잡힌다.

말을 하는 건 쓸거리를 궁리하는 일이다. 글을 쓰면 말과 글이 어떻게 다른지를 스스로 깨달을 수 있다. 내가 한 말이 그대로 글이 되는 건 아니지만, 두서없는 생각을 말로 해본 다음 가다듬어 글로 바꾸는 일은 '구상하고 쓰는 훈련'이 된다.

오늘 학교생활은 어땠어?

부모와 아이가 말로 쓸거리를 구상하려면 당연히 평소 대화가 자연스러워야 한다. 학교에서 돌아온 아이에게 간식을 내주며 "오늘 학교생활은 어땠어?"라고 묻고 아이는 신나서 말하는 분위기가 필요하다. 저녁을 먹으며 부모가 먼저 "엄마에게 아주 재미난 일이 있었어. 들어볼래?" 하고 말을 주고받는 습관이 만들어져야 한다. 평소에는 별 대화도 없다가 독후감을 쓸 때만 "내용이 뭐야?" 하고 꼬치꼬치 물으니 말로 하는 글쓰기가 될 리가 없다.

그런데 아이가 신나게 이야기를 하고 나서도 정작 일기나 독후 감을 쓸 때면 쓸 게 없다고 한다면? 이때 부모가 들었던 이야기 중에 한두 가지를 아이에게 돌려줘야 한다. "아까 네가 했던 이야기 중에 친구랑 딱지치기한 이야기가 재미있더라"라고 말해주면 그제야 "그거 쓸까?"라고 한다. 글을 쓰기 전에 말해보는 과정은 글감을 모을 뿐 아니라 자기 의견을 조리 있게 말하는 연습도 된다. 당연히 말도 하면 는다. 말 잘하는 아이는 말을 할 기회가 더 많이 생긴다. 그러다 보면 말을 진짜 잘하게 된다. 부모는 아이의 스피킹 파트너가 되어야 한다.

아이가 책을 읽고 말하는 게 서툴고 심지어 싫어한다면 부모가 읽은 책이나 신문 기사를 어린이에게 들려주는 노력을 먼저 해본다. 어린이는 본 것이 있어야 따라 할 수 있다. 성인을 위한 도서도 괜찮다. 어떤 책이나 재미있는 대목은 있기 마련이다. 책의 메시지를 장황하게 이야기하기보다 재미난 대목을 짧게 들려주는 것부터 한다. 김두식 교수의 《불편해도 괜찮아》는 인권에 관한 책이다. 청소년 인권으로부터 시작해 제노사이드까지 내용이 확장된다. 이 중 아이가 관심 있을 법한 내용은 당연히 10대의 인권에 관한 것이다. 책에 나오는 '지랄 총량의 법칙'을 아이에게 소개했더니 책을 냉

쓰면서 자라는 아이들

큼 따라 읽었던 경험이 있다.

'말로 이야기해보기'란 '말로 생각을 끄집어내기'와 같은 뜻이다. 먼저 말을 하며 생각하기를 훈련하는 법이다. 만약 책 내용을 이야기하는데 아이가 세부를 잘 기억하지 못한다면, 걱정할 것 없다. 책을 다시 뒤적여 세부를 살펴가며 말해도 된다. 혹은 아이가 스스로 다시 한번 책을 뒤적일 수 있도록 도와주면 된다. 한 번 읽었다고 모든 걸 기억하지 못한다. 책의 세부적인 내용이 생각나지 않아 말하지 못하거나 주눅들 필요가 없다는 걸 부모가 행동으로 보여준다. 중요한 건 쓰기 전에 무엇을 쓸지 머릿속에서 이 궁리 저 궁리를 하는 과정이 필요하다는 사실이다.

이유를 말해봐

일상에서 무언가 요구할 일이 있을 때마다 이유를 말해보게 하는 것도 글감을 찾는 훈련이 될 수 있다. "오늘 저녁에는 라면을 먹을래!"라고 말했다면 "왜?"라고 묻고 언제나 이유를 들려달라고 한다. 이때 가장 조심할 것은 냉소적인 반응이다. 어린이보다 힘이 세고 권력이 많은 어른이 냉소적으로 반응하면 아이들은 금방 주눅이 든다. 어린이가 자기 생각을 자유롭게 말할 수 있으려면 어린이의 말을 수용해주는 분위기가 필요하다.

"엄마는 라면을 먹을래. 왜냐하면 오늘 너무너무 힘들어서 밥을 할 수 없어. 이번 주에 라면을 안 먹었으니까 괜찮아. 매콤한 라면을 먹자!" 하는 식으로 별것 아닌 일도 이유를 달아 말해본다. 아이들은 언제나 사고 싶은 것, 하고 싶은 것이 많다. 이때도 이유를 말해달라고 부탁한다. 아이가 고양이를 기르고 싶다면 왜 그런지 이유를 말해달라고 한다. 어떻게 기를지 계획도 세워달라고 한다. 이때 부모가 요구 사항을 들어주기로 약속했다면 지켜야 한다. 아이가 고민해서 이유와 계획을 세웠는데 부모가 약속을 지키지 않으면 역효과가 난다.

이 말하기 놀이는 한마디로 중심 문장을 말하고 이어 '왜냐하면'이라는 단어를 붙여 이유를 말하는 연습이다. 익숙해지면 이유를 두세 가지로 늘려본다. 이유에 설명을 달면 점점 길게 말할 수 있다.

"엄마는 일본 교토에 가보고 싶어. 왜냐하면 그곳이 우리나라 경주랑 비슷해서야. 엄마는 경주처럼 조용하고 옛날 모습이 남아 있는 곳이 좋아. 네가 어릴 때 함께 갔었는데 기억이 안 나지? 그래서 또 함께 가보고 싶어. 얼마 전에 소설책을 읽었는데 건축가들이 가쓰라 별궁이란 곳을 눈물이 나게 아름다운 곳이라고 하더라. 옛날에 교토에 갔을 때 가쓰라 별궁은 보지 못했거든. 그래서 더 가보고 싶어졌어!"

만약 '내가 가고 싶은 곳'을 이야기하기로 했다면 이런 식으로 전제와 이유 그리고 부연 설명을 통해 짧은 글 한 편을 완성할 수 있다. 짧게 말하든 길게 말하든 중요한 것은 "○○는 ○○하다. 왜냐하면~"이라는 구조다. 이런 식으로 말할 수 있다면 아이가 쓰는 글도 단문으로 끝나지 않는다. 글은 문장과 문장의 단순 나열이 아니라 뒷받침 문장이 있어야 의미가 확실해진다. "무슨 음식 좋아해?"라고 물었을 때 "나는 양념치킨, 엄마는 떡볶이"라고 말해도 뜻이 통한다. 하지만 글을 쓸 때는 다르다. 뒷받침 문장을 만들거나 두 문장이 연결된 복문을 만들어야 의도가 분명해진다. "나는 바싹바싹하고 매운 양념치킨을 좋아하고 엄마는 빨간 떡볶이를 좋아한다. 엄마와 나는 매운 걸 좋아하는 사람들이다. 매운 걸 먹고 나면 기분이 좋아진다"처럼 써야 한다.

한 권의 책을 잘 읽었다면 어떤 책이든 "왜?"라는 질문을 할 수 있다. "왜 주인공은 그런 선택을 했을까?", "왜 작가는 이런 이야기를 했을까" 하는 식으로 말이다. 하지만 이건 어른의 생각이다. 글이 많은 책으로 말하자고 하면 아이들은 먼저 주눅이 든다. 말하기가 어렵다면 먼저 그림책을 보고 말하는 연습부터 한다. 중고등학생 나아가 일반인들도 흔히 사용하는 방법이다. 그림책은 진입 장벽이 낮다. 책에 대해 말할 때는 '혹시 틀리지 않을까' 하고 겁을 먹지만 그림책은 이런 마음이 별로 안 든다. 아무 말이나 생각나는 대로 이야기할 수 있다. 말의 물꼬를 트고 이야기를 주고받는 일이 익숙해진 뒤에 어린이 수준에 맞는 책으로 나아가도 충분하다.

나에게는 곰이 있어요
제인 율런 글, 젠 코레이스 그림, 황유진 옮김, 다산기획

칼데콧상 수상작인 《부엉이와 보름달》로 유명한 제인 율런이 압축적이고 시적인 언어로 쓴 그림책이다. 글이 많지 않아 더 마음대로 말해볼 수 있다. 주인공 소녀는 곰을 곁에 입고 있다고 상상한다(왜 그럴까?). 소녀는 곰과 있으면 무엇이든 할 수 있는 용기가 생긴다(곰은 누구일까?). 다 읽고 나면 가장 좋아하는 동물(혹은 수호 동물)은 무엇인지 질문을 하고 이유를 말해본다. 부모 역시 수호 동물이나 자신의 상징을 떠올리고 이유를 말한다. 활동은 함께 해야 맛이다.

○

조개는 왜 껍데기가 있을까?

멀리사 스튜어트 글, 세라 브래넌 그림, 김아림 옮김, 다섯수레

제목만으로도 훌륭한 질문거리를 주는 책이다. 답을 먼저 말해보고 나서 책을 읽어도 좋다. '왜 그런지 정말 궁금해요' 시리즈는 어린이가 처음 보는 논픽션 그림책이다. "로마 사람들도 피자를 먹었나요?", "물고기는 왜 항상 눈을 뜨고 있나요?", "낙타는 왜 혹이 있을까요?" 등 아주 흥미진진한 질문들을 담은 시리즈다. 부모 역시 정답을 모르는 질문을 받아들고 아이와 함께 아무 말이든 해보며 말하기의 문턱을 낮춰보자.

○

까치와 소담이의 수수께끼 놀이

김성은 글, 김종도 그림, 사계절

출간된 지 20여 년이 흘렀지만 여전히 어린이들과 함께 즐기기 좋은 그림책이다. 한 페이지를 읽을 때마다 질문거리가 나오니 그때마다 역시 정답이 무엇인지를 궁리해보는 시간을 갖는다. 그림책에서 어린 소담이에게 까치가 다가와 수수께끼 놀이를 하자고 제안한다. 까치는 소담이에게 "하얀 우산을 쓰고 훨훨 날아가는 게 무얼까?" 하는 식으로 수수께끼를 낸다. 퀴즈나 수수께끼는 3학년 무렵 아이들이 특히 좋아한다. 역시 질문하고 이유를 말하며 말해보는 연습을 하기 좋은 만만한 그림책이다.

창피하게 **3** 뭘 그런 걸 쓰니?

글쓰기 교재들이 공통으로 강조하는 방법론이 있다. 구체적으로 쓰라는 주문과 더불어 빠지지 않는 게 솔직하게 쓰라는 조언이다. 나에게 일어난 일을 자세하고 솔직하게 쓰는 것, 그게 뭐 어려울까 싶지만 해보면 쉽지 않다. 글쓰기의 최대 방해물 중 하나는 자기 검열이다. '이렇게 쓰면 남들이 뭐라고 하지 않을까?', '못 썼다고 흉을 보지 않을까?' 하고 스스로 위축되어 써야 할 말과 쓰지 말아야 말을 고른다.

모든 글은 누군가 읽는 사람이 있다. 이는 곧 평가에 대한 두려

쓰면서 자라는 아이들____

움으로 이어져 글쓰기를 어렵게 만든다. 말은 뱉는 즉시 사라지지만 글은 기록으로 남는다. 성인이 글을 쉬이 쓰지 못한다면 평가를 지나치게 의식하기 때문이다. 세계적인 글쓰기 작가 나탈리 골드버그가 우선 자신의 느낌을 믿고 '뼛속까지 내려가서 쓰라'고 권하는 이유도 쓰기에서 솔직해지기 그만큼 어렵기 때문이다. 그는 심지어 "내가 쓴 글이 형편없는 쓰레기 같다 해도, 나는 그런 글을 쓸 권리가 있다고 생각하라"고까지 말한다. 평가를 의식하거나 문장을 신경 쓰는 건 나중의 일이고 처음 글을 쓸 때는 첫 느낌을 믿고 일단 솔직하게 써야 한다. 남의 눈치를 보거나 열등감에서 벗어나는 것이 글쓰기의 시작이다.

솔직하게 쓰면 싫어하잖아요!

어린이 역시 글을 쓸 때 솔직하게 써야 한다. 교사나 부모도 말은 이렇게 하지만 어린이가 진짜 솔직하게 쓴 글을 보면 불편해한다. 집에서 있었던 일을 가감 없이 쓰면 "엄마가 그런 뜻으로 말한 게 아니잖아?" 하고 정정하고 싶어진다. 혹은 "창피하게 뭘 그런 걸 쓰니"라고 핀잔을 주게 된다. 어른의 이중적인 태도를 느낀 아이들은 '정말 솔직하게 쓰면 불이익을 받는다'는 사실을 두고두고 기억한다. 어린이에게 솔직하게 쓰라고 해봤자 "그럼 선생님이 싫어하잖아요!"라고 대번에 말한다. 쓰면 안 될 말을 거르다 보면 언제나 뻔한 글을 쓰게 된다. 어린이의 글은 이렇게 서서히 건조해진다.

후배가 술을 심하게 마셔 토하고 밥도 못 먹었던 일을 후배의 아이가 일기에 쓴 적이 있었다고 한다. 이런 시시콜콜한 집안일을 썼을 때 "정말 솔직하게 잘 썼구나"라는 말이 안 나온다. 도리어 후배는 "선생님이 읽으실 텐데 아빠가 토한 이야기 말고 다른 이야기를 쓰자"라고 아이를 설득했다고 고백했다. 비슷한 사례는 어느 집에나 있다. 초등 3학년 아이가 '다시 태어난다면 어떤 모습과 이름을 갖고 싶은지'를 글로 썼다. 크게 문제 될 내용이 없다. 그러나 당사자인 부모의 반응은 달랐다.

나는 다음에는 강아지로 태어나고 싶다. 이름도 정했다. 주인 말을 알아듣는 강아지다. 이유는 펄쩍펄쩍 뛰어다니고 싶기 때문이다. 공부하기 싫다. 놀고 싶다.

아이들은 역시 '공부를 하지 않는 자유로운 영혼이 되고 싶어' 하는구나 정도로 받아들여도 충분한 내용이다. 한데 아이의 부모는 "누가 읽으면 엄마가 공부를 꽤나 많이 시키는 줄 알겠다. 하루에 10분 복습 문제지 푸는 게 전부인데, 엄마는 억울하다"라고 반응했다. 아이가 쓴 솔직한 글은 때로 부모의 마음을 언짢게 하기도 한다. 아이가 글에 화나고, 미워하고, 속상한 마음을 있는 그대로 담으면 부모는 혹시 아이에게 문제가 있는 건 아닌지 걱정도 된다. 아이의 솔직함 앞에서 부모는 생각이 많아진다.

어른이 지닌 오해 중 하나가 아이의 세계는 무조건 순진무구하다는 착각이다. 어른과 마찬가지로 어린이에게도 긍정과 부정의 감정이 모두 있다. 싫고 밉고 질투하고 화가 난다. 다만 사춘기 이전의 어린이는 이런 다양한 감정의 분화가 일어나지 않아 자신의 감정을 정확하게 인지하거나 표현하기 어려울 뿐이다. 그러니 더 혼란스럽다. 엄마는 착한 아이가 되어야 한다고 했는데 나쁜 마음이 들면 아이는 겁이 나지 않겠나.

무릇 부정적인 감정일수록 숨길 것이 아니라 건강하게 분출되어야 한다. 이런 역할을 도와주는 것이 책이고 글쓰기다. 남에게 보여주고 싶지 않은 화나고 약한 내 모습을 글로 털어놓을 수 있을 때 도리어 건강해진다. 아이가 솔직하게 쓴 글을 보고 부모에 대한 비난으로 2차 해석할 필요는 없다. 아이는 그 순간의 감정을 털어놓았을 뿐이다. 그렇다고 부모를 사랑하지 않는 게 아니다. 도리어 그 마음을 털어내지 못하고 속에 차곡차곡 쌓아두는 것이 더 아픈 일이다.

눈치 보지 않아야 글의 세계가 열린다

20대에게 인기 있는 에세이스트 이슬아가 글쓰기 교사로 일했던 경험을 담아 쓴 책 《부지런한 사랑》을 읽고 놀란 건 책에 실린 아이들의 글 때문이었다. 어디서도 본 적 없는, 틀에 박히지 않은 아이들의 글을 만날 수 있었다. 책을 읽어보니 이유를 알 것 같았다.

글쓰기 수업에 갈 때 어린이들은 마음에 짐이 없는 대신 기대가 있었다. 부모야 글을 써서 뭔가 공부에도 도움이 되기를 바랐겠지만 아이들은 그저 '오늘은 어떤 간식을 먹게 될까'를 기대했다. 교사로서 이슬아는 정성스럽게 간식을 준비해 아이들에게 글쓰기 교실에 가는 즐거움을 선사했다. 무엇이든 처음 시작하는 어린이들에게는 과정의 재미가 있어야 하는데 때로 이렇게 작은 것들이 계기가되어준다.

이슬아의 글쓰기 교실에서 아이들은 눈치를 보지 않았다. 글을쓸 때 '다른 아이들이 읽으면 부끄러운데', '선생님이 보면 꾸짖을지도 몰라' 하는 망설임이 없다. 왜냐하면 교사가 먼저 일주일 동안가장 부끄러웠던 일을 아이들 앞에서 마구 털어놓고 수업을 시작했기 때문이다. 이렇게 분위기를 만들면 아이들은 이곳에서는 무슨 이야기든 써도 된다고 안심할 수 있다. 뒤탈이 없으니 아이들이자신을 치장하고 헛된 다짐을 하며 틀에 박힌 글을 쓰지 않는다. 적어도 글을 쓸 때는 솔직해도 괜찮다는 걸 아이들이 믿을 수 있을 때 반짝이는 글이 나온다.

말도 안 되는 실수와 어처구니없는 실패 때문에 자괴감에 빠질 때가 많다. 그렇더라도 일단 말하거나 써보면 '별거 아니구나!', '나만 이런 일이 있는 게 아니구나' 하는 경험을 할 수 있다. 어린이들도 이런 체험을 해봐야 한다.

낯선 이들이 모인 워크숍은 서먹서먹한 분위기다. 처음에는 질문을 해도 대답조차 없다. 이래서야 진행이 안 되니 돌아가며 자기소개나 고민거리를 털어놓아달라고 부탁한다. 이때 중요한 것이 맨 처음 한두 사람이다. 한 사람만 솔직하게 말해주면 그다음은 일사천리다. 3~4회의 강의가 끝날 무렵이면 모두 마음이 열려 시간이 부족할 정도다. 다른 사람의 솔직한 말을 들으면 '저런 일은 나도 있었는데……', '저런 시시한 질문을 해도 괜찮구나' 싶어 마음이 놓이고 동시에 말문이 열린다. 그래서 가장 어려운 강의는 지위가 높고 권력이 있다고 믿는 사람들을 대상으로 할 때다. 절대 체면 깎일 일을 하거나 솔직해지려 들지 않기 때문이다.

어른이 솔선수범해서 솔직해지기

아이와 신뢰를 쌓으려면 먼저 어른이 솔직해져야 한다. 아이 마음의 빗장을 열려면 당연히 어른도 마음의 문을 열어야 한다. 이런 점에서 황왕용 교사가 이끄는 '북적북적'이라는 독서 동아리는 좋은 사례다.[•] 황 교사는 독서 동아리를 꾸릴 때 특히 감정을 솔직하게 털어놓으며 쓰기에 중점을 두었다. 감정을 털어놓는 글을 지도하기 위해 교사는 무엇을 해야 할까. 교사가 먼저 부끄러웠던 이야기를 털어놓는다.

북적북적 동아리 활동은 먼저 그날의 키워드를 정하는 것으로 시작한다. 예를 들어 '감추다'를 주제로 정했다고 하자. 보통의 글쓰기 수업이라면 교사는 주제를 제시하고 학생들은 주제에 맞는 글을 쓰느라 바쁘다. 이어 학생의 글을 교사가 확인하고 첨삭을 한다. 그러나 북적북적 동아리에서 황 교사는 '감추다'라는 말을 듣고 떠오른 자신의 기억을 아이들에게 들려주는 일부터 시작한다.

선생님이 중학교 1학년이었을 때 아버지가 타고 다니던 낡은 트럭이 부끄러웠어. 가끔 학교에 태워다주셨는데, 친구들에게 허름한 트럭 안의 내 모습을 들키고 싶지 않았지. 이렇게 감추고 싶었던 일들이, 나중에서야 별일 아니었다는 것을 알게 됐어.

이렇게 교사가 먼저 털어놓으면 교실의 공기가 달라진다. '저런 이야기를 해도 되는구나' 하고 느낀 학생들이 하나둘 비슷한 이야

• 수업 사례는 《괜찮아, 나도 그래》(학교도서관저널)라는 책으로도 출간되었다.

쓰면서 자라는 아이들____

기를 꺼낸다. 치킨 집을 하는 엄마가 낡은 치킨 배달 차로 학교에 데려다줄 때, 창피한 마음이 들어 학교에서 좀 떨어진 곳에 내려달라고 했던 경험 등을 솔직하게 털어놓는다.

갑자기 '지금부터 솔직해지자'라고 아이들에게 말한다고 솔직한 글이 나오지 않는다. 황 교사는 이렇게 털어놓고 들어주는 과정을 '스토리텔링'이라고 부른다. 먼저 말로 감정을 풀어내고 나서 솔직한 글을 쓰는 방식이다.

무엇이든 혼자 가슴에 품고 있을 때는 엄청난 짐이다. 창피해서 얼굴도 들 수 없을 것 같지만 막상 글로 털어놓았더니 아무도 비난하지 않는다. 털어내고 나면 별것도 아니고 후련하다. 억눌린 감정을 떨쳐내면 카타르시스가 느껴진다. 심지어 자랑하는 글을 썼을 때보다 창피했던 일을 솔직하게 쓰면 반응도 더 좋다.

어린이는 부모로부터 많은 걸 물려받는다. 그중에는 감정을 표현하는 법도 있다. 부모가 먼저 시원하게 감정을 털어놔야 어린이는 그래도 된다는 걸 알고 따라 할 수 있다.

4

편지 쓰기가
좋은 이유

아이가 처음 글자를 배웠던 때를 떠올려보자. 글을 쓸 줄 알게 된 어린이는 자신이 너무 자랑스럽다. 삐뚤삐뚤한 손 글씨로 "엄마, 사랑해요!", "아빠, 고마워요!" 같은 글을 써서 부모에게 내민다. 한 후배는 글을 배운 첫째가 편지를 너무 많이 보내서 둘째가 글을 배웠을 때 걱정이 되었다 할 정도로 어린이들은 편지를 즐겨 쓴다. 왜 어린이는 편지 쓰기를 즐거워할까. 편지는 언제나 상대가 있는 글이다. 항상 친구에게, 엄마에게, 선생님에게 하는 식으로 대상을 정하고 쓴다. 누군가에게 자기가 이렇게나 잘 쓸 수 있

쓰면서 자라는 아이들____

다는 걸 보여줄 수 있다.

대상이 있으면 이야기가 생생해진다. 편지를 받는 대상이 구체적일수록 꾸미지 않는 진실한 마음을 혹은 내밀한 고백을 하게 된다. 가장 부담 없이 쓸 수 있는 형식이 편지이기에 '주인공에게 편지 쓰기' 같은 독후 활동이 빠지지 않는다. 그냥 독후감을 쓸 때는 밋밋해도 주인공이든 작가든 누군가에게 편지를 쓴다고 생각하면 태도가 달라지고 글쓰기가 만만해진다.

아이가 꼭 해야 하는 일기 쓰기나 독후감 쓰기를 귀찮고 어렵게 느낀다면 잠시 다른 방법을 써보는 것도 좋다. 일테면 편지 쓰기다. 지금 당장 써야 할 글은 독후감인데 무슨 도움이 될까 싶지만 글쓰기를 만만하게 여기는 데 편지 쓰기만 한 게 없다. 뭔가를 배우는 과정에서 잘 안 된다면 흥미를 느낄 만한 다른 방법을 찾아 우회하는 것도 길이다.

대상이 있는 글은 살아 있는 글이다

청소년 소설 《체리새우: 비밀 글입니다》는 따돌림을 당하지 않고, 친구들과 어울리기 위해 안간힘을 쓰는 주인공 다현이의 이야기를 담았다. 청소년 독자들이 작가와의 만남에서 "정말 제 얘기 같아요. 심지어 우리 엄마가 저 몰래 제 이야기를 한 것 같다니까요!"라고 할 만큼 10대의 일상이 잘 녹아들어 있다. 《체리새우》를 쓴 황영미 작가를 인터뷰하며 소설을 쓰게 된 이유를 물었다. 작가는 친정엄마가 돌아가신 후 상실감에 깊이 빠진 날들을 보냈다. 그때 돌아가신 엄마가 그리워 추억하며 엄마를 향해 글을 썼단다. 그것이 문학을 시작한 계기가 되었다. 그는 "누군가를 향해 쓰면 정말 글이 잘 쓰여요, 글이 술술 나와요"라며 웃었다.

아날로그 방식의 편지를 쓰지 않는 시대지만 '편지 쓰는 마음'은 글을 쓰려는 이들이 간직해야 할 첫 마음이다. 누군가에게 편지를 쓸 때 우리는 자신을 무장 해제한다. 스스로 마음의 빗장을 풀고 진실하고 간절한 속내를 담는다. 누군가를 속여먹으려 할 때 세 치 혀를 놀려 달콤한 사탕발림으로 꼬드긴다. 반대로 누군가를 향해 편지를 쓸 때 우리는 차마 '말'로 하지 못한 마음을 털어놓는다. 편지글에는 이 고백하는 마음이 담긴다. 목소리는 낮고 잔잔하지만 잘난 척, 있는 척하지 않는 솔직한 마음을 담는다. 박준 시인은 "편지는 분노와 미움보다 애정과 배려에 더 가까운 것"이고 "편지를 받는 일은 사랑받는 일이고 편지를 쓰는 일은 사랑하는 일이다"[*]라는 말을 했다.

어린이 역시 편지에 진심을 담을 수 있다. 노르웨이의 작가 그뤼모우르순이 쓴 《사랑하는 고양이가 죽은 날》을 보고 3학년 어린이

●   엄지혜 지음, 《태도의 말들》, 유유(2019). 박준 시인과의 인터뷰 중에서.

쓰면서 자라는 아이들 ___

가 쓴 독후감을 읽은 적이 있다. 그리워하는 마음이 잘 담긴 편지 글이었다.

> 함푸스에게
>
> 안녕? 함푸스야. 나는 10살 제인이야. 만약에 니가 이 편지를 받으면 너가 아니라 로비에게 전해줘. 로비는 우리가 키우던 열대어야. 로비는 윗부분이 분홍색이고 지느러미가 작고, 아가미가 있는 작은 열대어야. 그리고 로비가 먼저 떠나서 미안하다고 하면 이렇게 전해줘. 로비 너는 제인이의 가족들에게 수많은 보물을 주었다고. 이 편지 너에게 보낼게. 떠날 때 로비가 나타나면 꼭 전해줘. 하늘나라에서 잘 지내. 안녕.

《사랑하는 고양이가 죽은 날》에서 주인공 여자아이는 옆집 고양이 함푸스를 돌보곤 했다. 어느 날 고양이가 죽자 친구들과 함께 범인을 찾아 나선다. 아이는 고양이 함푸스를 떠나보내며 '널 진심으로 사랑해'라고 말한다. 독후감을 쓴 3학년 어린이가 이 책을 읽고 집에서 길렀던 열대어 '로비'를 떠올렸다. 마치 주인공이 고양이 함푸스를 기억하듯, 로비를 기억해내고 함푸스에게 로비를 부탁하는 편지를 썼다. 떠나간 로비가 그립지만 '함께 있는 동안 즐거웠다'는 성숙한 마음이 글에 담겼다. 아이들이 글을 쓰는 동안 삶에서 일어난 일들 그리고 그때 느낀 슬픔과 기쁨을 비추어볼 수 있다면 그것으로 충분하다.

사색과 성찰의 시간을 경험하는 일

문학의 갈래 중에 《젊은 베르테르의 슬픔》이나 《키다리 아저씨》 같은 작품을 서간문학이라고 한다. 이 작품들은 모두 편지글로 이뤄졌다. 과거 먼 곳에 사는 이들에게 직접 가지 않고서는 소식을 전할 방법이 없었다. 전화도 전보도 SNS도 이메일도 없던 시절 급한 소식이 아니더라도 편지는 일상적으로 안부를 전하는 수단이었다. 편지가 일상이니 편지글로 된 작품도 자연스럽게 탄생했다.

전남 강진에 18년이나 유배되었던 다산 정약용은 수많은 저서를 펴냈다. 이때 그가 쓴 글 중에도 편지글이 있다. 아버지인 자신이 멀리 떨어져 있으니 아들들에게 공부의 자세나 예절, 가족의 사랑 등에 관한 가르침을 편지로 전했다. 고흐가 동생인 테오에게 보낸 편지글도, 신영복 선생이 수인 생활을 하며 보낸 편지도 책으로 묶여 나왔다. 마하트마 간디와 더불어 인도 독립운동을 했던 자와할랄 네루는 3년여 옥에 갇힌 시기 딸에게 수많은 편지를 썼다. 이 편지를 모은 것이 《세계사 편력》이다. 역사책이지만 편지글 형식으로 쓰여 딱딱하거나 지루하지 않고 흥미롭게 읽을 수 있다.

빠르게 이메일과 문자로 의사소통이 가능한 시대에 편지는 거추장스러운 일일 수 있다. 그럼에도 편지 쓰기는 장점이 있다. 정약용이나 네루의 편지처럼 대상을 특정해 눈높이에 맞춰 쓸 수 있기에 쉽게 지식이나 주장을 전할 수 있다. 부드러운 방식으로 세상을 살아가는 법을 전할 수 있다.

요즘도 일상에서 실천하는 편지 쓰기가 있다. 교환 편지다. 작가인 임경선과 가수 요조가 쓴 편지, 가수 이랑과 슬릭이 쓴 교환 편지를 바탕으로 한 책도 있다. 부모도 학창 시절 친구들과 노트를 교환하며 일기나 편지를 쓴 경험이 있을 테다. 같은 방식으로 아이와 교환 편지를 쓸 수 있다.

나 역시 아이가 어릴 때 '간식 노트'라고 이름 붙인 노트에 편지를 쓰곤 했다. 학교가 끝나고 엄마가 없는 집에 돌아올 아이를 위한 편지였다. 사실 처음에는 '오늘의 간식이 무엇인지'를 알려주는 일로부터 시작되었다. 그래서 간식 노트다. 시간이 지나며 아이의 안부를 묻는 편지가 되었고, 숙제를 하라는 당부며 그날그날의 이야기가 편지에 담겼다. 초보 엄마인지라 편지를 쓰면 아이가 당연히 답장을 해줄 거라고 기대했다. 턱도 없는 일이었다. 안 써놓으면 채근하고 읽기는 잘했지만 절대 답장은 돌아오지 않았다. 다만 간식 노트가 한 권에서 두 권 그리고 세 권으로 이어지며 조금씩 변화가 생겼다. 한바탕 싸우고 난 다음에는 서로 간식 노트에 속마음을 털어놓았다. 내가 여러 날 출장을 갔을 때는 아이가 노트에 자신의 일상을 적어주었다.

어린이들과 글쓰기 수업을 오래 한 윤태규 선생도 교실에서 이런 쓰기를 활용했다. 아이들은 날마다 싸우기도 하고 누구는 울고 누구는 다친다. 서로 자기는 잘못이 없다고 주장한다. 이때마다 선생은 "말로 들어서는 누구 잘못인지 모르겠다. 자세히 써봐라"라고 주문했다. 마찬가지다. 편지가 별 게 아니라 엄마에게 하고 싶은 말이 있을 때, 동생에게 서운한 감정이 들었을 때 쓰면 된다. 말로 하면 거친 감정이 그대로 폭발한다. 사나운 감정을 쏟아내다 보면 의도와 달리 서로를 할퀴거나 마음을 다치게도 한다. 편지글을 쓰다 보면 감정은 가라앉고 이성이 찾아온다. 편지를 쓰는 건, 글쓰기를 훈련하는 방법뿐 아니라 사색하고 성찰하는 시간을 경험하는 일이다. 이것만으로도 편지 쓰기는 가치가 있다.

어릴 때 편지를 쓰는 경험이 쌓이면 곧 아이는 상대가 없을 때조차 편지를 쓸 수 있다는 사실을 깨닫는다. 바로 옆에 있는 가족이나 친구가 아니더라도 우리는 누군가를 향해 글을 쓸 수 있다. 일기장을 키티라고 불렀던 안네처럼 써도 된다. 《헨쇼 선생님께》에서 리 보츠는 한 번도 만나지 못한 작가에게 편지를 썼으며, 《키다리 아저씨》의 제루샤 애벗 역시 자신을 후원하지만 알지 못하는 키다리 아저씨에게 편지를 썼다. 누군가에게 글을 쓰는 사이 자신에게 닥친 문제를 되돌아보고 치유받을 수 있다는 걸 깨닫는다.

비밀 편지 소동

송미경 지음, 황K 그림, 위즈덤하우스

송미경 작가가 《가정 통신문 소동》에 이어 이상이와 반 아이들을 주인공 삼아 두 번째로 펴낸 이야기다. 일곱 명의 어린이들이 일주일 동안 주고받는 여러 통의 편지로 이야기가 전개된다. 아이들이 편지를 주고받는 상대는 비밀이다. 이 비밀 때문에 편지에는 궁금하고 설레고 기대하고 때로 오해하는 마음이 오고간다.

아이들은 비밀 편지를 주고받으며 상대가 누구일지를 궁금해하고 나아가 우정이나 사랑 같은 가치에 대해서도 생각해보게 된다. 무엇보다 마지막에 아이들이 비밀 편지를 주고받았던 상대가 누구인지가 밝혀지며 뜻밖의 반전이 일어난다. 편지 쓰기를 소재로 한 재미있고 의미도 있는 동화다. 읽고 따라 해보면 더욱 좋다.

밤의 일기

비에라 히라난다니 지음, 장미란 옮김, 다산기획

2019년 뉴베리 영예상 수상작이다. 니샤라는 소녀가 엄마에게 쓰는 편지를 통해 이야기가 전개된다. 12년 전 엄마는 니샤와 쌍둥이 동생 아밀을 낳고 돌아가셨고 니샤의 생일은 엄마가 돌아가신 슬픈 날이기도 하다. 생일에 요리사인 카지에게 일기장을 선물받은 니샤는 그날부터 돌아가신 엄마에게 편지를 쓰기 시작한다. 아빠에게 혼이 난 남동생 이야기며, 이해할 수 없는 인도의 분쟁에 관한 일도, 아빠와 엄마가 자신을 정말로 사랑할까 싶은 두려운 마음도 모두 털어놓는다. 소녀가 감당할 수 없는 속내를 편지로 썼을 뿐인데 글을 쓰며 니샤는 엄마가 자신을 지켜봐준다는 느낌을 받는다. 글을 쓰며 자신을 믿고 가족을 사랑하는 사람으로 성장해가는 소녀의 모습에서 글을 쓰는 일이 얼마나 커다란 위안을 주는지 잘 느낄 수 있다.

쓰면서 자라는 아이들 ____

5

가장 쉬운
글은 겪은 일을
쓰는 것

남을 설득하기 위해 쓰는 글이나 사건을 기록하는 글은 객관적인 글이다. 이런 글을 잘 쓰려면 연습이 필요하다. 그렇다면 가장 먼저 쉽게 쓸 수 있는 글은 무엇일까. 나에게 쓰는 글이다. 오늘 하루 일어난 일들 혹은 마음속에 깃든 감정은 내가 겪고 생각하고 느낀 대로 쓰면 된다.

어린이가 초등학교에 입학해서 맨 처음 쓰는 글은 그래서 일기다. 어린이는 집과 학교처럼 작은 사회 안에서 보고 듣고 겪은 일들을 일기에 쓴다. 어린이의 세계는 처음에는 집과 학교로 한정되지만 조금씩 확장된다. 관공서나 시장이 있는 마을의 중심지에도 가고, 할아버지 할머니를 만나러 멀리 떨어진 다른 도시로도 간다. 해외로 여행을 갈 수도 있다. 어린이의 세계가 넓어지며 어린이가 읽는 책도 쓸 수 있는 글도 서서히 깊어진다. 예컨대 어린이가 학교에서 친구와 싸운 이야기는 저학년이라도 얼마든 쓸 수 있다. 반면 장애인 인권 문제에 대해, 남북통일에 관해 쓰려면 시간이 필요하다.

겪은 일을 쓸 때 부모가 주의할 두 가지

지금 초등 학부모 세대가 초등학생이던 시절에는 일기가 의무 사항이었다. 가장 곤혹스러운 숙제가 일기였다. 매일을 기록해야 하던 일기日記는 이제 더 이상 의무가 아니다. 교사의 재량에 따라 일주일에 한두 번 쓰게 하기도 하고 아예 일기 숙제를 내주지 않기도 한다.

2005년 국가인권위원회는 "초등학교에서 일기를 강제적으로 작성하게 하고 이를 검사, 평가하는 것은 국제인권기준 및 헌법에서 보장하고 있는 아동의 사생활과 비밀과 자유, 양심의 자유 등 기본권을 침해할 우려가 크므로 이를 개선하고 초등학교의 일기 쓰기 교육이 아동 인권에 부합하는 방식으로 개선될 수 있도록 지도, 감독해야 한다"고 권고했다. 이후 일기 쓰기의 중요성은 상대적으로 덜해졌다. 하지만 일기 쓰기의 중요성이 덜해진 것은 못내 아쉽다.

일기를 '겪은 일 쓰기'라고 바꾸어 불러보면 좋겠다. 아직 글쓰기가 서툴다면 특히 겪은 일을 쓰는 것부터 시작하는 게 좋다. 자기 경험이니 쉽게 쓸 수 있고 부모가 글감을 고민하는 아이에게 씨앗을 건넬 수 있다. 어린이가 무엇을 써야 할지 모르겠다고 고민할 때 부모가 "누나가 만두를 다 먹어서 화가 났잖아, 그걸 써보는 게 어때?" 하고 글감 찾기를 도와줄 수 있다. 나는 맛있는 걸 먹거나 색다른 일을 하면 "일기에 써야겠다!"라는 말을 많이 한다. 꼭 새로운 일이 아니어도 언제나 쓸거리가 있다. 다만 어린이는 그것이 쓸거리인 줄 모르니 부모가 "이 일은 일기에 써야겠다!"라고 말해주면 좋다.

일기 쓰기 지도 경험이 풍부한 윤태규나 이영근 선생은 겪은 일을 쓰려면 몇 가지 습관을 고쳐야 한다고 말한다. 가장 중요한 건 '일기는 늘 자기 전에 쓰는 것'이라는 고정관념이다. 일기를 밤에 쓰면 부모와 아이 사이에 다툼만 생긴다. 차라리 저녁 먹고 난 후 바로 쓰는 습관을 들이면 좋다. 저녁밥을 먹으며 오늘 있었던 일을 이야기했다면 이미 말로 풀었기에 글을 쓰기도 쉽다.

또 아이 입장에서 부모나 교사가 보지 말았으면 하는 일기에는 별표를 하거나 모퉁이를 접거나 하는 식으로 표시를 하고 이를 지켜주는 노력도 필요하다. 일기에는 솔직하게 속마음을 털어놓을 수 있도록 어린이를 배려하는 일이다.

상대에게 말하듯 자세히 쓴다

겪은 일 쓰기를 통해 어린이는 무엇을 쓸지 글감을 정하는 법과 자세히 쓰는 법을 익힐 수 있다. 겪은 일 쓰기를 할 때는 오늘 있었던 일 중에 "누구에게 꼭 말해주고 싶은 말, 누구에게도 말하고 싶지 않은 꼭꼭 숨기고 싶은 말, 억울하고, 답답하고, 괴롭고, 속상하고, 슬프고, 따지고 싶은 일"● 중에 하나를 골라 쓰면 된다.

동생과 잘 놀아서 엄마에게 칭찬받은 걸 자랑하고 싶은 마음, 사사건건 맘대로 하는 언니가 미워서 죽겠지만 말 못 하는 마음, 고양이를 기르고 싶은데 엄마가 반대해 속상하고 슬픈 마음이 모두 쓸거리다. 이때 부모는 어린이가 무턱대고 쓰지 않고, 잠시 있었던 일을 머릿속으로 되돌아보고 쓰는 습관을 만들도록 돕는다. 머릿속으로 쓸거리를 생각하는 게 어렵다면 앞에서 말했듯 말로 해도 된다. 익숙해지면 자연스럽게 혼자 머릿속으로 떠올려볼 수 있다. 흔히 일기를 자기 성찰의 수단이라고 하는 이유는 되돌아보기 때문이다. 일기 쓰기는 고학년 때 쓰는 체험보고서나 기행문과 모두 연결된다. 겪은 일을 쓴다는 기본 원칙이 같기 때문이다.

겪은 일 쓰기로 어린이들이 또 하나 연습할 수 있는 게 구체적으로 쓰기다. 모든 글쓰기 책에 나오는 금언이 '자세히 구체적으로 쓰

● 이영근 지음, 《영근 샘의 글쓰기 수업》, 에듀니티(2020)

쓰면서 자라는 아이들 ____

기'다. 그만큼 초보자가 간과하기 쉽다는 뜻이다. 글은 쓰는 사람과 읽는 사람이 나눠진다. 겪은 일을 쓰는 어린이는 내 일이니 대충 써도 된다고 여기기 쉽다. 하지만 읽는 사람은 대충 쓴 글로 이야기의 전모를 알 수 없다. 아이들에게 우선 이 차이에 대해 말해줘야 한다. 처음에는 자세히 쓰기가 어려우니 육하원칙에 따라 쓰는 연습이 필요하다.

겪은 일 쓰기는 '누가, 언제, 어디서, 무엇을, 어떻게, 왜'에 해당하는 내용을 담으면 된다. 아이들이 자꾸 빼먹으면 처음에는 여섯 가지 질문을 노트에 적어두고 답하는 방식으로 연습을 시킬 수도 있다. 예를 들어 아이가 일기에 "친구와 싸웠다. 나는 잘못한 게 없는데 혼이 났다"라고 썼다. 아이는 당사자고 억울한 사연을 모두 아니까 이렇게 써도 충분하다. 하지만 읽는 사람은 사정을 하나도 알 수 없다. 아이는 엄마나 누군가에게 억울한 사연을 들려준다고 생각하고 써야 한다. 그러기 위해 육하원칙이 유용한 도구다.

아이가 간단하게 한두 문장으로 쓴 글을 보고 빠졌다 싶은 내용이 있다면 육하원칙에 해당하는 질문을 던져 이끌어줄 수도 있다. 예를 들어 "누구랑 싸웠어?"라고 물어준다(친구 수빈이와 싸웠어). "언제, 어디서 싸웠는데?"(학원 버스를 기다리다가 운동장에서 싸웠어), "왜 싸웠는데?"(수빈이가 내 만화책을 빌려달라고 했어, 내가 싫다고 하니까 책을 땅바닥에 던져서 싸웠어) 이제야 싸움의 전모가 드러난다. 혹은 아이가 쓴 글에서 빠진 부분만 물어보고 그 부분을 보충할 수 있도록 돕는다.

아이가 쓴 글이 마치 싸움의 현장에 있는 듯 생생해지려면 묘사와 대화가 살아야 한다. 하지만 어린이는 처음부터 세밀한 묘사를 할 수 없다. 구체적으로 쓰다 보면 차츰 묘사나 설명의 단계로 나아갈 수 있다. 아이가 하고 싶은 이야기 중에 한 대목만 자세히 묘사하는 식으로 부담을 줄여줄 수도 있다.

글을 생생하게 쓰고 싶다면 대화문을 활용한다. 친구와 싸운 이야기를 설명하지 말고 그때 상황을 떠올려 대화문으로 써보는 것이다. 글쓰기 교사 중에는 부러 한 편의 글에서 '큰따옴표를 다섯 개 이상 사용하기' 같은 미션을 주기도 한다. 아름다운 말로 꾸민 문장이나 다양한 어휘를 사용해 글을 쓰는 것보다 어린이가 겪은 일을 있는 그대로 자세하고 생생하게 쓰는 것이 글이 풍부해지는 가장 좋은 방법이다.

어린이가 일기 쓰기를 좋아하기란 경험상 쉽지 않다. 부모의 전략이 필요한데. 그중 하나가 일기 형식으로 된 재미난 동화를 보여주는 것이다. 아이가 일기를 쓰기 전에 '이 정도면 나도 쓰겠다'는 생각이 드는 책이나 사례를 보여주는 것은 좋다. 다만 아이가 쓴 글을 묶은 책들이 오래전 출간된 것들이라 여기서 따로 소개하지는 않는다. 지금과 정서가 많이 달라 도리어 어린이들이 이해하기 힘들 수도 있어 보여서다. 학급 문집을 엮는 교사가 많은데 이런 자료를 구해보면 좋겠다.

숭민이의 일기 시리즈
이승민 글, 박정섭 그림, 풀빛

아이들은 일기 쓰기는 싫어하지만 다른 아이가 쓴 일기를 읽는 건 좋아한다. 웃기게 쓴 일기는 언제나 환영이다. '숭민이의 일기'는 시리즈로 출간되고 있는데, 천연덕스러운 숭민이의 행동이 웃음을 자아낸다. 남자아이와 여자아이 모두 재미있게 읽는 책이다.

사실 숭민이라고 일기를 쓰고 싶었던 건 아니다. 엄마 몰래 PC방에 가다 다쳐 깁스를 하는 바람에 너무너무 심심해서 하는 수 없이 일기를 쓰게 되었다. 시리즈 첫 권인 《내 다리가 부러진 날》에서 숭민이는 놀라운 사실을 알게 된다. 깁스를 하니 좋은 점이 있는 것이다. 온종일 누워 있어도 만화책을 봐도 엄마가 뭐라 하지 않았다. 복도에서 휠체어를 타고 달리다 교감 선생님에게 딱 걸렸는데도 숭민이는 무사했다. 교감 선생님이 은상이에게 "아픈 애를 데리고 장난치는 게 아니다"라고 두둔해줬기 때문이다. 숭민이는 깁스를 풀기 전까지 이 모든 재미난 장난을 적어보리라 다짐한다. '숭민이 일기 시리즈'가 재미있는 건 승민이가 자신에게 일어난 어처구니없는 일들을 자세히 썼기 때문이다. 어린이들도 승민이처럼 써보면 된다.

○

윔피 키드 시리즈

제프 키니 지음, 김선희·지혜연 옮김, 아이세움

말도 안 되게 재미있는 일기다. 전 세계적으로 사랑받은 초특급 베스트셀러이며, '가장 성공적인 어린이 책'이라는 평가를 받은 시리즈다. 영화로도 만들어졌다. 만화풍의 일러스트와 가벼운 문장으로 그레그에게 벌어진 온갖 고난을 담아냈다. 주인공인 그레그는 중학교 1학년으로 등장하지만 초등 3~4학년 정도부터 즐겁게 읽을 수 있다. 그레그가 일기를 쓰는 이유는 무엇일까. 학교에서 그레그는 별 볼 일 없다. 하지만 누가 아는가. 그레그는 나중에 유명해졌을 때를 대비해 미리 일기를 쓴다. 그러려면 그레그가 어릴 때 어떤 일을 겪었는지 자세히 써야 한다! 학교에서 인기를 끌기 위해 피나는 노력을 하는 그레그의 학교생활을 담은 1권을 시작으로 15권까지 출간되어 있다.

6

낱말을
만져야
어휘력이 길러진다

디지털 시대에 접어들며 학생들의 문해력 저하에 대한 우려가 쏟아진다. 10대가 한자어를 모르는 데다 어휘력이 부족해 웃지 못할 해프닝도 종종 벌어진다. 교사가 "도장공塗裝工을 모집한다"는 글의 뜻을 묻자 아이들의 대답이 걸작이다. "태권도를 잘해야 하나요?", "도장 파는 일인가요?" 하고 대꾸했다. 도료를 칠한다는 뜻의 '도장'이란 한자어를 생전 처음 들었으니 태권도장이라고 지레짐작하거나 이름을 나무나 돌에 새겨 찍는 도장圖章으로 오인한 것이다. 또 "문상問喪을 다녀왔다"라고 말하면 "문화상품권의 줄임말인가요?"라고 되묻기도 한다. 어휘뿐 아니라 줄임말이 일상이 된 시대에 벌어지는 웃지 못할 일이다. 이런 현상을 두고 교사들은 "해가 갈수록 학생의 어휘력과 글을 이해하는 능력이 떨어진다", "문장이 세 줄만 넘어가도 읽는 걸 버거워하고 앞뒤 문장을 연결하지 못한다"고 말한다.[•]

부모는 알고 아이는 모르는 어휘

기성세대는 학생이 '도장공', '문상', '공든 탑이 무너지랴' 같은 기본적인 어휘나 속담을 모르는 게 기가 막힐 노릇이다. 하지만 초등학생이 이런 말을 모른다고 어휘력 부족만을 탓할 건 아니다. 그만큼 삶의 환경이 달라졌다. 언어란 고정된 것이 아니라 시대나 문화와 함께 쓰임새가 변한다. 어른은 당연히 알지만 아이들은 모르는 단어가 많다. 예컨대 '외상'은 한자어도 아닌데 아이들이 뜻을 모른다. 신용카드가 일상화되었으니 과거처럼 구멍가게에서 외상으로 두부나 콩나물 같은 걸 살 일이 없다. 과거보다 쓰임새가 줄었으니 일상에서 접할 일이 드물고 자연 어휘의 뜻을 모른다.

부모 세대가 초등학생일 때는 스마트폰도 유튜브도 RPG 게임도

<hr />

[•] 박세미, "'일탈요? 일상탈출 줄임말요' 심각한 고3 어휘력", 〈조선일보〉, 2021.04.19

없었다. 그때와 지금은 사용하는 기본 어휘가 다르다. 과거처럼 문자를 중심으로 사고하지도 않고 이모티콘이나 줄임말 혹은 아예 영상으로 소통한다. 인간은 영원토록 한자리에 머물지도 않으며 인간의 뇌는 변화된 환경에 맞춰 경험하고 학습하며 적응해간다. 끝없이 변화에 적응하는 것, 이것이 인간이 문명을 이룬 비결이다. 우리가 사용하는 언어 역시 변한다.

인지신경학자 매리언 울프는 《다시, 책으로》에서 디지털 시대의 읽기는 우리 뇌에 어떤 영향을 미치며, 좋은 독자가 되는 길이란 무엇인가를 들려준다. 그가 특히 어린이의 읽기에서 강조한 것은 '양손잡이 독자가 되는 일'이다. 미래의 세대에게는 디지털 읽기가 필요하지만 종이책을 깊이 읽는 능력도 간과하면 곤란하다. 이 둘의 균형을 모색하는 것이 우리 시대의 과제다. 마찬가지로 어른의 시각으로 문해력과 어휘력을 재단하기보다 텍스트와 이미지 리터러시의 균형 그리고 달라진 시대에 맞는 읽고 쓰는 교육을 고민해야 한다.

단어를 외운다고 어휘력이 늘지 않는다

모든 언어는, 특히 일상에서 많이 쓰는 어휘일수록 다양한 쓰임새와 뜻을 지닌다. 예를 들자면 '가다'나 '오다' 같은 동사는 '오며 가며'처럼 함께 쓰거나 '오갈 데 없다'처럼 부정으로 쓰면 원래 뜻과는 다른 느낌을 전한다. 이처럼 다른 어휘를 만나 여러 가지 의미로 거침없이 확장된다. 한 가지 뜻만 지닌 어휘는 쓰임새가 별로 없는 전문용어일 확률이 높다.

다시 말하자면 어휘는 고정된 한 가지 뜻이 아니라 말이든 글이든 맥락 속에서 존재한다. "어휘는 홀로 존재하지 않는다." 이 말은 어휘를 공부할 때 반드시 기억해야 하는 금언이다. 어휘력을 높이는 가장 좋은 방법은 자고로 읽기다. 모르는 단어를 하나하나 찾지 않아도 문맥 속에서 어휘를 만나고 익히게 된다. 외국어를 익힐 때 어휘력을 기르려면 어떻게 해야 할까. 학원에서 하듯 하루에 수백 개의 단어를 외우는 방법도 있지만 가장 좋은 건 문장으로 만나는 것이다.

응용언어학자이자 대학에서 영어로 글쓰기를 가르치는 김성우 선생은 단어의 의미를 깊이 아는 어휘 공부를 권한다.[*] gravity라는 단어를 글에서 만났다고 하자. 이때 'gravity=중력'이라고 외우고 넘어가는 게 아니라 이를 활용해 내 것으로 만드는 학습법이다. 그는 하나의 단어를 다섯 단계를 거쳐가며 활용법을 익혀야, 그래서 문맥 속에서 어휘를 사용할 수 있어야 진짜 아는 단어가 된다고 말한다.

새로운 단어를 만난다면 다음과 같은 과정을 거쳐야 한다. 우

---

[*] 김성우, 《단단한 영어공부》, 유유(2019)

선 그 단어와 지문에 나온 뜻을 써본다 → 지문에서 나온 문장을 그대로 옮겨 쓴다 → 지금 새로 알게 된 단어의 뜻을 응용해 내가 문장을 만들어본다 → 사전에서 단어를 찾아 글에서 쓰인 의미와 다른 의미가 있다면 뜻과 예문을 적는다(예를 들어 중력이란 뜻의 gravity는 심각성과 중대성이라는 뜻도 있다) → 새로 알게 된 의미를 활용해 내가 문장을 만든다.

gravity라는 단어의 뜻만 아는 데 그치는 게 아니라 문장을 써보고 단어의 새로운 의미까지 공부하는 방법이다. 궁극적으로 실생활에서 써먹고 활용할 수 있는 살아 있는 어휘 공부다. 우리말 역시 한 어휘가 여러 뜻을 가진 경우가 있다. '입다'는 '옷을 입다'가 가장 많이 쓰이지만 '은혜를 입다', '피해를 입다'처럼 다른 표현으로도 쓰인다. 이렇게 활용할 수 있어야 제대로 글을 쓰거나 말할 수 있다. 영어와 마찬가지로 살아 있는 어휘력 공부는 아이가 오늘 읽은 책과 잡지에서 만난 모르는 단어와 표현을 써 문장을 만들어보며 익히는 것이 바람직하다.

앞에서 다섯 단계로 새로운 어휘와 만나는 법을 소개했지만 초등학생이 이를 그대로 따라 하기는 무리다. 다만 모르는 어휘가 나오면 사전을 찾고 예문을 보는 법을 익히도록 돕는다. '사전 찾기'는 평생 간직할 좋은 습관이다. 특히 글을 잘 쓰고 싶다면 반드시 몸에 익혀야 한다. 맞춤법을 확인하는 것부터 올바른 표현이나 쓰임을 알기 위해서 언제나 사전을 찾아야 한다.

3학년이 되면 국어 시간에 사전 찾는 법을 배운다. 열 살이면 모르는 어휘를 사전에서 찾아보며 익힐 수 있다는 뜻이다. 하지만 모르는 어휘가 나올 때마다 일일이 사전을 찾아보면 집중력이 떨어져 이야기가 재미없어진다. 우선 책을 읽을 때는 모르는 어휘를 표시만 하고 집중해서 읽는다. 다 읽고 난 후 모르는 어휘를 사전에서 찾아본다. 이때 '다섯 손가락의 법칙'을 기억하면 좋다. 한 페이지에서 아이가 모르는 어휘가 다섯 개가 넘으면 내용을 이해하기 어려우니 더 쉬운 책부터 읽어야 한다.

사전 찾는 법을 배우는 과정과 언어가 보편적으로 사용되는 현상을 담은 《프린들 주세요》라는 재미난 동화가 있다. 사전 찾는 법을 배울 때 함께 읽어보면 좋겠다.

낱말을 만지는 경험

강원도에 '고성'이란 지역이 있다. 만약 직접 고성에 가서 '청간정'이라는 정자에 올라 동해를 본 적이 있다면, 근처에서 매콤새콤한 막국수를 먹었다면 고성은 직접 가서 '만져본' 곳이 된다. 해안도로를 따라 양양과 속초를 지나 고성으로 갔다면 지도에 그려진 동해안을 직접 보고 구체적인 공간감도 느낄 수 있다.

낱말도 마찬가지다. 인문학자 김경집 선생은 "낱말을 만진다"는 표현을 쓴다.[*] 낱말을 책 속에서 만나는 죽은 어휘로 끝내지 말고 직접 관계를 만들어보라는 뜻이다. 모르는 낱말을 사전에서 찾아보고 용례를 만들어보는 데 그치지 않고 한 걸음 더 나아가는 방법이다.

3학년부터 사회 시간에 지리, 역사, 법. 경제, 정치에 해당하는 내용을 배운다. 상당히 추상적인 개념이다. 어린이에게 어려운 개념이나 어휘일수록 만지는 경험이 필요하다. 조금 쉬운 예를 들어보자. 어린이들이 좋아하는 속담 퀴즈는 전통사회의 삶과 연관되어 있어 그 뜻을 정확히 모르는 경우가 많다. 뜻을 정확히 이해하려면 '낱말을 만지는' 경험이 필요하다.

'우물가에서 숭늉 찾는다'란 속담이 있다. 부모에게는 뻔한 말이지만 '우물'을 본 적이 없는 어린이에게는 낯설다. 전기밥솥을 사용하니 누룽지도 보기 어렵고 숭늉을 만들어 먹는 일도 없다. 온전하게 이해하려면 과거에는 상하수도 시설이 없었다는 것, 우물에서 물을 길어올려야 했다는 것, 전기밥솥이 아닌 냄비나 솥에 밥을 하면 누룽지가 생긴다는 것을 알아야 한다. 여기서 머물지 말고 간편 음식으로 파는 누룽지라도 사서 물을 붓고 끓여 숭늉을 만들어 맛본다. 이제 어린이는 '숭늉이라는 낱말을 만진' 것이다. 이런 경험을 하고 나면 연관된 어휘를 사용해 바른 표현과 글을 쓸 수 있다.

● 김경집, 《언어사춘기》, 들녘(2019), p.145

낱말이 몸을 통과하는 경험을 해볼 수 있다.

낱말을 만지는 경험은 어휘를 단편적으로 익히는 방법이 아니다. 어휘가 지닌 감각과 역사와 문화를 만나고 이를 나와 관계 맺기로 확장하는 방법이다. 특히 지식 책을 읽을 때, 관심 주제를 만났을 때 개념어를 지렛대 삼아 지식 여행을 하는 길이다. 유튜브 알고리즘이 끝없이 관심사를 추천하듯 새로운 낱말은 새로운 세계를 열어젖힌다. 역사나 지리와 관련된 어휘라면 그 장소에 가거나 유물을 보면 훨씬 이해가 쉽다. '빗살무늬토기'를 글로 읽기보다는 영상으로 보면 이해가 훨씬 빠르다. 이럴 때 유튜브를 사용한다. 물론 부모가 먼저 공신력 있는 기관에서 만들어진 자료를 찾는 수고는 감내해야 한다.

언어는 인간이 만든 고도의 추상적 상징어이다. 예컨대 한강과 낙동강과 영산강처럼 비슷한 종류를 일반화해서 우리는 강이라고 부른다. 추론, 유추, 비판 같은 추상적 어휘 역시 마찬가지다. 직접 만져본 낱말은 죽어 있는 어휘가 아니다. 관계를 맺은 어휘다. 어린 시절의 배움은 단어를 암기하는 데서 오지 않고 자극과 놀이를 통해 찾아온다.

어휘력을 키우는 가장 좋은 방법은 읽기이며 좀 더 집중하고 싶다면 책에서 만난 새로운 어휘의 뜻과 예문을 적는 노트를 마련한다. 독서록 끝에 새로운 어휘를 기록해도 충분하다. 3학년 어린이가 쓴 식물 노트를 본 적이 있다. 아이가 만난 풀이나 꽃을 붙이고 기록하는 노트였다. 비슷하게 곤충, 식물, 여행 등 어떤 주제라도 좋다. 아이가 직접 경험하고 알게 된 새로운 것들의 이름과 어휘를 모아본다. 낱말을 만지는 가장 좋은 방법이다.

내 마음 ㅅㅅㅎ

김지영 글그림, 사계절

검색할 때 초성을 입력하는 일이 흔해서인지 어린이는 초성 퀴즈를 좋아한다. 《내 마음 ㅅ ㅅ ㅎ》은 마치 초성 퀴즈 같은 그림책이다. 제목부터 궁금증을 자아낸다. ㅅ ㅅ ㅎ이 뭘까. 그림책을 읽고 나면 ㅅ ㅅ ㅎ으로 시작되는 말을 찾는 게임이 시작된다. 부모와 아이 중 누가 더 멋진 'ㅅ ㅅ ㅎ'을 찾아내는지 겨루어보자. 이왕이면 ㅅ ㅅ ㅎ을 이용해 마음이나 상황을 담은 완성된 문장을 만들어본다. 어휘를 확장하고 즐기기 위해 맨 처음 보며 놀 수 있는 책이다. 그림책이지만 고학년도 좋아한다.

단어 수집가

피터 H. 레이놀즈 지음, 김경연 옮김, 문학동네

세상에는 다양한 수집가가 있다. 카드를 수집하고, 인형을 수집하고, 만화책을 수집한다. 그런데 제롬은 낱말을 수집한다. 이름하여 단어 수집가. 지나가다 특이한 가게 이름을 보아도 수집하고, 책을 읽다가 마음에 드는 단어가 있다면 역시 수집한다. 기분이 좋아지는 말과 소중한 단어와 노래처럼 입에 착착 감기는 말도 있다. 마치 제롬처럼 단어를 수집하고, 그 단어와 연결된 이야기들을 모아보자. 아이가 세상을 인식하고 개념을 머릿속에 정리하는 힘이 놀랍도록 성장한다.

우리말 모으기 대작전 말모이

백혜영 글, 신민재 그림, 푸른숲주니어

우리말과 글의 사용이 금지되었던 일제강점기, 세상에 흩어진 우리말을 모으는 '말모이 대작전'이 펼쳐진다. 말모이란 '말을 모으다'라는 뜻을 지닌 순우리말이다. 주시경 선생이 맨 처음 시작했고, 선생이 돌아가신 후 제자들이 뜻을 모아 조선어학회를 만든 뒤 비밀리에 이어갔다. 결국 일제는 우리말 사전을 만들려는 말모이를 눈엣가시로 여기고 '조선어학회 사건'을 일으켜 회원들을 잡아들인다.

《우리말 모으기 대작전 말모이》는 실제 역사를 배경으로 한 역사 동화다. 영화 〈말모이〉 역시 같은 배경이다. 우리말 사전을 만들 때도 시작은 말을 모으는 것부터였다.

7

따라 하기와
흉내 내기의 마법

어린이들이 처음 글을 써야 할 때 '저 정도는 나도 쓰겠다' 싶은 평범한 글을 보여주는 게 비결이라면 비결이다. 어린이의 글쓰기 지도에 일가견 있는 교사들이 한결같이 사용하는 방법이다. 아이들의 일기와 시를 엮은 《다 아는데 자꾸 말한다》에서 주순영 선생이 아이들이 글을 쓰고 싶어 안달 나게 하는 방법으로 소개한 것도 또래 아이들의 글을 읽어주는 것이다.

저 정도는 나도 쓰겠다

주순영 선생은 아이들에게 일기 쓰기를 어떻게 가르칠까 고민하다 과거 자신이 담임을 맡았던 아이들의 일기 중에서 몇 편을 골랐다. 그리고 읽어주었더니 대성공이었다. 어떻게 글을 써야 하는지 말로 설명하는 것보다 또래가 쓴 글을 보여주는 게 훨씬 효과적이었다. 또래 아이들이 쓴 일기를 듣고 있던 아이들은 가만히 있지 않았다. "선생님, 지금 일기에 나오는 동열이는 우리 반 형택이와 똑같아요", "또 읽어줘요. 재밌어요!" 아이들이 조르는 통에 선생은 그 자리에서 다섯 편이 넘는 일기를 읽어주었다. 또래가 쓴 대단할 게 없는 일기지만 아이들은 '이런 이야기라면 나도 쓸 게 있는데' 하며 자신감을 얻었다.

글쓰기 지도 경험이 풍부한 교사일수록 학생에게 무조건 쓰라고 강요하지 않는다. 학생들이 본격적으로 글을 쓰기 전에 또래가 쓴 다양한 글을 모아 먼저 읽어보도록 준비한다. 그중에서 마음에 든 글이 있다면, 처음에는 그 글을 따라 써보라고 권한다. 어린이나 청소년에게 작가가 쓴 글을 보여주면 별 감흥이 없다. 작가는 원래부터 잘 쓰는 사람이 아닌가. 하지만 또래 친구가 쓴 글은 다르다. 또래가 쓴 글을 읽는 과정에서 어떻게 글을 써야 할지 감을 잡을 수 있다.

이정요 선생도 중학생에게 서평 쓰기를 가르칠 때 먼저 또래가 쓴 글을 보여주는 방법을 사용한다. 학생들은 잘 쓴 글을 만나면 '정말 우리 학교 학생이 썼느냐!'며 놀라고, 평범하게 쓴 글을 읽으면 '이런 글은 나도 쓰겠다'라고 안심한다. 서평을 쓰고 난 후에도 친구끼리 글을 돌려 읽도록 지도한다. 의외의 효과가 생기기 때문이다. 글쓰기가 싫어 꾀를 부리거나 대충 쓰거나 혹은 미완성으로 제출하는 경우가 허다하지만 친구가 쓴 글을 읽고 나면 마음이 바뀐다. 친구가 쓴 글에 자극을 받아 자기 글이 부족하다는 걸 느끼고 다시 쓰겠다며 교사를 찾아오기도 한다. 혹은 미완성인 글을 마무리하기도 한다.[•] 또래 집단에서 인정받고 소속되고 싶어 하는 마음이 때로 문제를 일으키기도 하지만 긍정적으로 작용할 수도 있다. 또래 효과를 잘 사용하면 글 쓰는 데 힘이 될 수 있다.

바꿔 쓰기로 문장 익히기

처음부터 작가로 태어난 사람은 없다. 모든 작가는 처음에는 독자였다. 독자는 자신이 사랑하는 작가의 글을 읽고 좋아해서 흉내를 내다 글 쓰는 법을 배우고 작가가 된다. 흉내 내기가 특별한 게 아니다. 흔히 초등학생에게 독서록을 쓰는 법으로 '인상 깊은 문장

[•] 이정요, 〈'나'를 키우는 서평 쓰기〉, 《한 학기 한 권 읽기 어떻게 할까?》, 북멘토(2018), p.149

쓰면서 자라는 아이들 ____

을 한두 개 골라 쓰기'를 권하는데, 여기서 한걸음 더 나아가는 방법이다. 보통은 어린이가 책을 읽고 한두 문장을 골라 적는 데서 그친다. 여기서 그치지 않고 그 문장의 구조를 활용해 내 글로 바꿔보면 된다.

안도현 시인은 백석 시인을 사랑해서 "내 시의 사부는 백석이다"라고 자주 말했다. 문학청년 시절부터 백석의 시를 외우다시피 한 시인은 종종 백석 흉내 내기를 했고, 아예 백석의 〈흰 바람벽이 있어〉라는 시에서 "나는 이 세상에서 가난하고 외롭고 높고 쓸쓸하니 살아가도록 태어났다"라는 구절을 따 《외롭고 높고 쓸쓸한》을 자기 시집의 제목으로 삼았다. 이처럼 내로라하는 작가들도 흉내 내기를 통해 자신의 글을 벼린다.

초등학교 국어 시간에도 작가들의 글을 '바꿔 동시 쓰기' 하는 수업을 한다. 〈하늘과 바람과 별과 시〉로 유명한 윤동주는 동시를 여러 편 썼다. 윤동주의 〈해바라기 얼굴〉이라는 동시는 이렇게 시작한다. "누나의 얼굴은 / 해바라기 얼굴 / 해가 금방 뜨자 / 일터에 간다" 여기서 '누나'라는 말을 '아빠'나 '엄마'로 바꾸고, '해바라기'를 '달님'으로 바꿔보는 식으로 구조는 살리되 일부 단어를 바꾸며 다시 쓰는 법이다. 이 방법으로 아이들은 동시 쓰기에 쉽게 접근해볼 수 있다.

이렇게 뼈대를 살리고 단어를 바꿔 쓰면 문장의 구조를 익힐 수 있다. 윤동주뿐 아니라 강소천의 〈바람〉, 나태주의 〈행복〉 같은 시는 쉽고 의미가 명료하다. 어린이가 충분히 바꿔 쓰기를 할 수 있다.

독이 되는 필사, 약이 되는 필사

잘 쓴 글을 흉내 내는 데 그치지 않고 몸에 새기고 싶을 때 필사를 한다. 언제부터인가 글 잘 쓰는 비결로 필사가 많이 언급된다. 필사가 대중화되고 난 후 부모가 자녀에게 필사를 시키는 경우를 왕왕 만난다. 교사나 부모 등 주변 어른이 필사하는 걸 보고 아이가 자발적으로 하겠다고 나선다면 구태여 막을 필요는 없다고 생각한다. 어린이가 할 수 있는 만큼만 하면 된다. 하지만 어린이에게 필사를 요구하거나 강제할 이유는 없다. 아무리 좋은 방법일지라도 왜 하는지를 모르고 필요성을 느끼지 못하면 아무 효과가 없다. 어린이가 원하지 않는 한 필사는 독이 될 수 있다.

부모가 시켜서 하게 된 한 아이가 어떤 책을 필사하는지 듣고 혀를 찬 적이 있다. 구태여 필사까지 할 의미는 없는 책을 어린이가 꾸역꾸역 베껴 쓰는 경우였기 때문이다. 아이에게 필사를 권한다면 적어도 부모가 필사를 해본 경험이 있어야 한다. 필사를 어떻게 하는 것이 좋은지를 잘 알고 있어야 지도할 수 있다.

어떤 책을 완전히 이해하기 위해, 구석구석까지 깊이 알고 싶다는 마음이 용솟음칠 때 필사를 한다. 필사가 필요한 사람은 대개 소설이나 시를 쓰려는 창작자들이 많다. 필사를 하는 동안 글을 어떤 식으로 썼는지를 분석하고 구조를 이해할 수 있기 때문이다. 필사는 문장을 훈련하는 연습이자 정독하는 방법이다.

필사는 목적이 분명해야 한다. 왜, 무슨 이유로, 어떤 작가의 작품을 필사하고 싶은지를 말할 수 있어야 의미가 있다. 필사는 예비작가의 일이지, 어린이의 일은 아니다. 과거 중고등학교에 다닐 때 교사가 깜지 숙제를 내주곤 했다. 백지 한두 장을 손으로 영어 단어를 써서 채워 오라는 과제였다. 깜지 숙제는 영어 단어를 외우라는 뜻에서 내주는 것이다. 그때도 깜지 숙제를 했다고 영어 단어와 문장을 내 것으로 만들 수 있는 건 아니었다. 필사도 마찬가지다. 스스로 하고 싶은 간절함과 해야 하는 분명한 목적이 없으면 시간 낭비일 뿐이다.

이호철의 갈래별 글쓰기 교육
이호철 지음, 보리

초등학교에서 오랫동안 글쓰기 교육을 해온 이호철 선생이 쓴 책이다. 시나 일기를 비롯해 편지, 독서 감상문, 관찰 기록문까지 어린이들이 써야 하는 글을 열다섯 가지로 나누고 어떻게 지도하면 좋을지를 정리했다. 이 책의 가장 큰 장점은 이호철 선생이 글쓰기를 지도한 어린이가 쓴 글이 200여 편이나 갈래별로 담겨 있다는 점이다. 글쓰기를 지도하는 교사나 부모가 사례로 삼기 좋다.

아이는 혼자 울러 갔다
탁동철 지음, 양철북

탁동철 선생이 오색초등학교, 공수전분교, 상평초등학교에서 만난 아이들과 함께 지낸 이야기를 담은 책이다. 교단 일기지만 어린이들에게 글쓰기를 지도한 이야기며 어린이가 쓴 글들이 담겨 있다.

말하는 대로 글이 되는 우리 아이 첫 글쓰기
나명희 지음, 양철북

어린이들과 글쓰기 교실을 하는 저자가 어린이의 글쓰기에 관해 담은 책이다. 이 책의 최대 장점은 어린이들이 쓴 글이 정말 많이 담겨 있다는 점이다. 동시, 일기, 주제 글, 독후감 등 평범한 어린이들이 쓴 글을 만날 수 있다.

삼행시의 달인

박성우 지음, 홍그림 그림, 창비

《아홉 살 마음 사전》으로 큰 사랑을 받은 박성우 작가의 본업은 시인이다. 박성우 시인이 펴낸 《삼행시의 달인》은 무지무지 커다란 미덕을 지녔다. 읽는 순간 따라 하고 싶은 마음이 든다. 내 이름이나 물건명으로 '삼행시 짓기' 놀이는 흔히 한다. 시인은 이를 확장하면 누구나 시를 쉽고 재미있게 즐길 수 있겠다고 생각한 모양이다. 꽃 이름, 과일 이름 등 세상 모든 것의 이름이 삼행시가 될 수 있다. '박성우'를 삼행시로 만들면? "박성우의 꿈은 / 성악가가 되는 건데 / 우스운 춤도 잘 춘다!" 어린이 역시 시인을 따라 딱 세 줄만 떠올리면 생각지도 못했던 멋진 시와 글을 쓸 수 있다.

다이빙의 왕

강경수 지음, 창비

그림책 《거짓말 같은 이야기》와 코믹 첩보물 《코드네임》 시리즈를 쓴 강경수 작가가 펴낸 동시집이다. 강경수 작가는 그림책과 어린이책 작가 이전, 만화 작가로 경력을 시작했다. 때문인지 그의 책에는 엉뚱한 공상과 결말이 궁금한 이야기성이 가득하다. 《다이빙의 왕》 역시 '진짜 어린이가 쓴 것 같다'는 느낌을 준다. 아마 아이들의 말을 받아 적으면 강경수 작가의 동시와 비슷해지지 않을까. 시집을 읽다 재밌는 시를 골라 어린이의 말로 얼마든 바꿔쓰기를 할 수 있다. '만약에'라는 시는 "만약에 집에 가는 길에 / 곰이 내 주머니에 있는 / 사탕을 달라고 하면 어쩌지?"로 시작한다. 여기서 '곰'과 '사탕'을 다른 말로만 바꾸어도 어린이가 너끈히 시 한 편을 쓰는 기쁨을 만끽할 수 있다.

3부

읽기에서 쓰기로,
독후감의 세계

매일 쓰는 ① 독서록의 문제점

운동회 때 달리기를 하면 늘 꼴찌였다. 엄마는 실망스러운 표정으로 "죽어라 달려보지 그랬어" 하며 아쉬워했다. 그때 엄마의 표정과 말투는 지금도 잊히지 않는다. 매년 운동회 때마다 같은 일이 반복되자 달리기를 못하는 내가 부끄러웠다. 위인전 속 인물은 어려운 상황에 굴하지 않고 특별한 사람이 되는데, 현실은 꼭 그렇지 않았다. 점점 달리는 모습을 남에게 보이지 않으려 애썼다. 웬만하면 뛰지 않았다. 아예 몸을 움직이는 걸 싫어하는 아이가 되었다. 운동신경이 둔해도, 남들만큼 잘하지 못해도 운동을 할 때 맛보는 희열이 있다는 걸 깨달은 건 아주 오랜 후의 일이었다.

글쓰기 역시 창작을 할 게 아니라면 유려한 문장을 뽐낼 필요는 없다. 내가 하고 싶은 말과 생각을 표현할 수 있는 정도면 된다. 내가 꼴찌를 할까 두려워 아예 몸을 쓰지 않는 아이가 되었듯 독후감이 지겨워 아예 글에서 달아나면 정말 못 쓰게 된다.

독후감이 중요한 이유

현실적으로 초등학생의 글쓰기란 독후감과 동의어다. 일기, 동시, 기행문, 설명문 등이 교육과정에 포함되어 있지만 6년 내내 쓰는 건 결국 독서록이다. 아이들에게 쓰기는 곧 독후감을 의미하고 독후감 쓰기는 언제나 지겨운 일이다.

그렇다면 왜 초등학생에게 독후감을 강조하는 걸까. 독후감은 일기와 더불어 가장 좋은 쓰기 연습이기 때문이다. 어린이뿐 아니라 성인도 글을 처음 쓸 때 독후감 또는 리뷰부터 써보라고 권한다.

A4 용지 한 장 이내로 어떤 주제에 대해 글을 쓴다고 하자. 시작하자마자 내가 얼마나 제대로 아는 게 없는지를 깨달을 수 있다. 일상적인 대화에서라면 잘 모르는 부분을 대충 때울 수 있지만 글은 그럴 수 없다. 대충 알아서는 쓸 수 없다. '코로나19와 한국 경제', '인공지능과 교육 개혁', '환경보전과 제주 제2공항'에 대해 A4

용지로 세 장 정도의 글을 써보면 이 주제에 관한 지식을 바로 확인할 수 있다. 배경지식이 얼마나 얕은지 모른다. 깊이 알지 못하면 글은 쓸 수 없다. 그래서 글쓰기는 귀찮고 어려운 일이다.

어린이나 초보자가 독후감을 쓰면 좋은 이유가 여기에 있다. 독후감은 이미 쓸거리를 포함한 글이다. 글을 쓰려면 조사하고 공부하는 과정을 거쳐야 하지만 독후감은 구태여 그러지 않아도 된다. 읽은 책에 대한 감상과 책을 통해 새로 알게 된 지식만 써도 충분하다. 독후감 쓰기는 글쓰기 연습이자 동시에 배경지식을 쌓는 일이다.

독후감을 쓰는 또 다른 이유는 책은 읽은 뒤가 더 중요해서다. 현실에 안주하지 않고 좀 더 가치 있는 사람, 생각하는 사람으로 살고 싶을 때 가장 좋은 것이 읽기지만 진짜 변화를 가져오려면 읽는 것만으로는 부족하다. 읽은 걸 몸에 새기는 과정이 필요하다. 심리학 책을 읽고 자신에 대해 성찰하는 것도 중요하지만 이것만으로는 바뀌지 않는다. 깨달은 것을 익히고 연습하는 훈습의 과정이 있어야 구태에서 벗어난다. 책이 전해준 메시지가 크든 작든 간직하고 싶다면 애써 실천해야 한다. 예컨대 중년 여성의 운동 에세이 《마녀 체력》을 읽고 달리기를 시작하거나 김연수의 소설 《일곱 해의 마지막》을 읽고 백석의 시를 찾아 소리 내어 낭송하는 것이 이런 과정이다. 단지 책을 읽는 것만으로는 바뀌지 않는다. 같은 이치로 읽은 걸 몸에 남기는 일 중 하나가 글을 써보는 것이다.

매일 글 쓰는 습관이 왜 문제일까

내 아이가 초등학교 시절 쓴 독서 기록장을 발견해 읽어본 적이 있는데 내용이 많이 이상했다. 어떤 페이지에는 글을 썼는데 많은 페이지는 깨끗하게 비워져 있었다. 주인공에게 상장 만들어주기 혹은 퀴즈 만들기처럼 재빨리 쓸 수 있는 페이지에만 독서 기록을 했던 것이다. 반면 편지 쓰기, 뒷이야기를 상상하기 등 생각해서 길게 써야 하는 페이지는 손 하나 대지 않았다. 내친김에 내가 초등학교 시절 쓴 일기장을 펼쳐보았다. 이상하기는 이것도 마찬가지였다. 그날의 기록 대신 동시를 쓴 날이 너무 많았다. 일기를 한꺼번에 몰아서 쓰다 보니 짧은 동시로 때운 것이었다. '아이에게 뭐라 할 것도 없네' 하고 입맛을 다셨다.

요즘 아이들은 유치원 때부터 독서 기록을 시작한다. 많은 초등학교에서 독서인증제를 실시하고 있어 어린이는 의무적으로 1년에 수십 권을 읽고 기록해야 한다. 이때 권장도서 목록뿐 아니라 독서록 공책도 나눠준다. 간혹 형식이 없는 줄공책인 경우도 있지만 여러 독후 활동이 인쇄된 노트가 많다. 편지 쓰기, 등장인물을 그리고 이름 쓰기, 기억에 남는 장면 그리기, 독서 퀴즈 만들기, 단어를 넣어 짧은 글 짓기, 네 칸 만화 그리기, 표창장 만들기, 의성어와 의태어 찾기, 책 표지 새롭게 그리기, 동시로 표현하기 등 다양한 독후 활동이 담겨 있다. 아이가 대충 쓴 독서록도 이런 형식을 지닌 독서 노트였다.

이처럼 독후 활동이 인쇄된 독서 기록장을 쓰는 이유는 뭘까. 어린이에게 무작정 쓰라고 하면 막막해하고 어려워하니 다양한 독후 활동으로 쓸거리와 흥미를 유도하는 것이다. 의도는 좋지만 이런 형식이 귀찮다는 아이부터 쉬운 것만 골라 하는 아이까지 단점도 많다. 중요한 건 대충 쓰겠다고 마음먹은 아이 앞에서는 이런 활동이 다 무용지물이라는 점이다. 최근 독서 기록장에는 한두 줄 쓰기 같은 양식이 추가되었다. 글 쓰는 양을 줄이고 대신 꾸준히 매일 쓰는 습관을 만들기 위해서다.

세계적인 작가 말콤 글래드웰이 《아웃 라이어》에서 소개한 '1만 시간의 법칙'이 있다. 보통명사가 될 만큼 유명해진 용어인데 하루 세 시간씩 10년 동안 꾸준히 1만 시간 동안 하면 무엇이든 성공할 수 있다는 황금률이다. '어린이가 매일 독후감을 쓰면 잘 쓴다', '하루에 두 줄씩 꾸준히 쓰면 잘 쓴다' 같은 믿음도 결국 1만 시간 법칙의 다른 버전이다.

'1만 시간의 법칙'이 간과한 진실을 연구한 학자가 있다. 플로리다 주립대학 심리학과 안데르스 에릭슨 교수다. 그에 따르면 무언가를 잘하기 위해서 중요한 것은 '얼마나 오랫동안 하느냐'가 전부가 아니다. 올바른 '집중'과 '피드백', 그리고 '수정하기'라는 의식적인 연습deliberate practice이 성공을 부르는 방법이다.

절실해서 꾸준히 하면 분명 효과가 있다. 꾸준히 반복해서 하는 것이 잘하는 비결이 맞는다. 매일 30분 맨손체조를 하면 성인은 오십견을 예방할 수 있다. 반면 억지로 하면 결과는 다르다. 아이가 책을 즐겁게 읽고 꾸준히 기록한다면 쓰는 힘이 붙지만, 마지못해 매일 서너 줄을 쓴다고 쉽사리 성과가 나지 않는다. 부모의 영향력이 미치지 못하는 10대가 되자마자 글쓰기로부터 도망칠 확률이 높다.

순전히 빈칸 채우기 위해 쓴 글

《샬롯의 거미줄》로 널리 알려진 E. B. 화이트가 쓴 동화《백조의 트럼펫》이 있다. 트럼펫 소리를 내며 우는 트럼펫 백조의 여행을 다룬 책이다. 이 책을 읽고 아이가 독후감을 썼다. "백조의 트럼펫을 읽었다. 나도 트럼펫이 불고 싶다." 아이에게 책을 읽고 두 줄 쓰기를 시키면 이렇게 내용과 전혀 상관없는 독후감을 기계적으로 쓴다. 내가 동시를 써서 일기를 때웠듯 어린이는 하기 싫은 일에 최소한의 노력으로 답한다. 게다가 부모는 아이의 글을 읽지 않는다. 다만 숙제를 했는지 안 했는지 체크할 뿐이다. 이 빈틈을 아이들은 정확히 알고 딱 그만큼만 하고, 부모는 그저 아이가 매일 쓴다는 사실로 위안을 삼는다.

매일 하는 일이 매일 즐거운 건 아니다. 매일 하는 청소, 매일 가

쓰면서 자라는 아이들____

는 회사는 즐거움보다 지겨움을 줄 때가 많다. 아이가 매일 독서록을 쓰는데 항상 성의 있게 쓸 수는 없다. 어쩌다 신나서 쓰는 날도 있지만 쓰기 싫은 날도 많다. 특히 초등 3~4학년은 학교생활에 익숙해진 데다 엄마가 시키는 일은 점점 하기 싫어지는 때다. 매일 최선을 다해 독서록을 쓰는 아이는 엄마의 상상 속에나 있다.

《너는 나의 그림책》을 쓴 황유진 작가는 두 딸을 키운다. 첫째는 이틀에 한 번 독서록을 곧잘 쓰더니 두 달이 넘어가자 슬슬 꾀를 냈다. 그러다 '빨리 놀고 싶은 마음에 순전히 빈칸을 채우기 위해 쓴 글'이 엄마 눈에 딱 걸렸다. 딱히 아이를 학원으로 돌리는 것도 아니고 매일 읽고 쓰는 일을 성실하게 하기로 했는데 이것마저 무성의하게 하자 엄마의 인내심이 바닥 났고 폭발했다. 아마 대개의 가정에서 비슷한 일이 벌어질 테다.

독서록에 정답은 없다. 꾸준히 글 쓰는 훈련을 해야 하지만 매일 억지로 쓰는 게 정답은 아니다. 아이의 상황에 따라 독서 기록의 방법이나 횟수를 탄력적으로 조정한다. 고학년은 학원과 숙제가 부담스러우니 독서록의 횟수를 조정할 필요가 있다. 부모와 아이가 함께 의논해서 독서록을 어떤 방법으로 기록할지를 찾아야 한다. 세상에 백 퍼센트 성공하는 비법은 없다.

독서 기록장도 형식이 정해지지 않은 줄공책이 더 낫다. 줄공책에는 아이가 쓰고 싶은 말이 많을 때는 길게, 감흥이 없을 때는 짧게 쓸 수 있다. 글쓰기의 자유를 허락해야 한다. 재미있는 책을 읽은 뒤에는 할 말이 많지만 세 줄, 다섯 줄로 분량이 정해져 있으면 아이는 딱 그만큼만 쓴다.

글을 쓰는 꾸준함은 중요하다. 하지만 그 전에 책을 읽으며 느낀 흥분과 재미를 집중해서 글로 쏟아내는 경험을 해야 한다. 글을 쓰는 건 시간이 걸리고 힘이 드는 일이지만 하고 나니 뿌듯하더라는 성취감을 느껴야 한다. 글을 쓰고 칭찬을 받은 경험까지 더해지면 아이는 서서히 쓰는 사람이 되어간다.

독서록이 쓰고 싶어지는 비결

어린이가 본 것도 없고 들은 것도 없는데 어느 날 하늘에서 뚝 떨어지듯 잘하는 일은 거의 없다. '어린이를 교육하는 일에 결코 뻥 튀기는 없다'는 말을 기억해야 한다. 초등학생이 되었으니 독서 기록장을 써야 한다가 아니라 먼저 어떻게 써야 할지를 보여준다. 일례로 부모가 독서록을 꾸준히 쓰는 모습을 본 아이들은 자발적으로 쓰겠다고 나선다. 또 아이는 자신이 좋아하는 사람을 따라 한다. 만약 아이가 닮고 싶은 누군가가 독서록을 쓰는 모습이 멋있어 보인다면 당연히 흉내 낸다.

독서록을 쓰라는 말보다 담임 선생님이 스티커와 메모지까지 동원해 쓴 독서 노트를 보여주면 아이들이 더 잘 따라 한다. 두세 살

터울의 언니가 매일 아침 일어나 제일 먼저 독서 기록장을 쓰고 칭찬을 받으면 글이 서툰 동생도 옆에서 독서 노트를 쓰겠다고 한다. 글쓰기에도 준비운동이 중요하고, 보고 배울 사람이 필요하다.

평소 '독서가들은 어떻게 태어나는가' 하는 주제에 관심이 많다. 이름난 작가들의 어린 시절 이야기를 꼼꼼하게 살피기도 한다.《쓰기의 감각》을 쓴 소설가 앤 라모트의 책에는 이런 구절이 나온다. "(초등) 2학년 때 시를 써서 약간 주목받았고, 선생님이 교실에서 읽어주었다. 환상적인 순간이었다. 다른 아이들은 나를 유일하게 운전할 줄 아는 아이처럼 존경의 눈으로 바라보았다. 선생님은 그 시를 경시대회에 제출했고 나는 상을 받았고 문집에 실렸다. 활자로 인쇄된 내 글을 보았다. 작가들이 왜 글을 쓰는지 이해할 수 있을 것 같았다."

여기서 가장 중요한 것은 '약간 주목'받는 일이다. 아이가 쓴 글에 대해, 독서 노트를 쓴 일에 대해 격려해준다. 만약 독서 노트 한 권을 다 썼다면 옛날 서당에서 하듯 책거리를 하며 아이를 격려하는 일이 훗날 글쓰기를 두려워하지 않게 하는 원동력이다.

2

아이의

독서록에서   눈여겨봐야

할 것

어른의 눈높이에서 어린이가 쓴 독후감을 읽으면 만족 스럽지 않다. 부모는 고등교육을 받은 성인이지만 어린이는 아직 글 쓰는 일이 낯설고 서툴다. 여기서 생기는 간극이 있다. 아이의 글을 읽을 때 부모가 생각하는 기준은 잠시 잊어야 한다. 아이가 쓴 글을 부모 기준에 맞추려고 하면 엉뚱한 실랑이가 벌어진다.

열 살이 넘으면 아이들은 부모의 의도를 파악하고 움직인다. 부모가 하는 말의 내용이 옳은지 아닌지는 중요하지 않다. 부모가 저런 말을 하는 의도가 자신을 통제하려는 건지 아닌지가 더 중요하다. 그래서 부모의 말과 충고가 과거처럼 아이에게 잘 가닿지 않는다. 글쓰기도 마찬가지다. "이렇게 써라, 저렇게 써라"라고 충고를 하지만 아이는 부모가 시키는 대로 절대 안 쓴다. 제 마음대로 쓴다. 처음에는 독서록을 잘 써보자고 하는 말이지만 결국 엉뚱한 감정이 터지기 마련이다.

검사가 아닌 관심

초등학생은 딱 자기만큼 쓸 수 있다. 쓰기는 읽기와 함께 성장하는 법이라 읽은 게 쌓이지 않았는데 쓰기가 갑자기 늘지 않는다. 글쓰기가 어렵다면 흥미로운 책을 거듭 읽으며 읽기 연습을 하는 것이 먼저다. 책을 읽으며 바른 문장을 익히고 배경지식을 쌓는다. 이런 토대 위에 글쓰기가 열매를 맺는다.

초등 3학년 남자아이가 심윤경의 《화해하기 보고서》를 읽었다. 주인공 은지는 내복만 입고 대문 밖에서 벌을 섰다. 은지는 하필이 모습을 좋아하는 남자 친구 민우에게 들킨다. 이 대목에서 독자인 남자아이는 베개를 물어뜯으며 창피해했다. 마치 자기가 은지인양 좋아하는 여자 친구를 만난 듯 흠뻑 감정 이입을 했다. 이렇게 동화를 공감하며 읽은 아이는 어떤 글을 썼을까.

엄마가 강은지를 내복만 입혀서 내쫓은 것 자체가 잘못한 건데 다음엔 팬티까지 벗겨서 내보낸다고 협박을 하니 진짜 잘못한 엄마 같다. 게다가 강은지를 내복만 입히고 집 밖으로 내보내서 이민우가 강은지 내복만 입은 모습을 보게 했다. 그리고 어제도 이렇게 해서 내보내서 정말 창피하겠다.

어린이는 동화 속 엄마의 행동에 상당히 분노했다. 하지만 글에서 '베개를 물어뜯을' 만큼 자기 일처럼 부끄러워한 마음은 보이지 않는다. 만약 엄마가 옆에서 아이의 모습을 지켜보지 않았다면 얼마나 공감했는지 알아차릴 수 없었을 테다.

쓰기에 익숙해지려면 잘 읽어주는 사람이 필요하다. 아이가 쓴 글을 읽어보면 아이가 책을 얼마만큼 이해했는지부터, 글쓰기에서 무엇이 부족한지를 알 수 있다. 아이가 책을 읽으며 분노했던 마음이 덜 드러났다고 판단되면 이때 필요한 것이 대화다. "은지가 내복 차림으로 친구를 만나는 장면에서 베개를 물어뜯었잖아? 왜 그랬어?", "너도 은지만큼 부끄러울 때가 있었던 거야?" 이 정도의 질문만 해도 아이는 은지를 거울삼아 자신이 부끄러웠던 일을 꺼내놓을 수 있다. 그 대목을 한두 문장만 추가해도 좋은 글이 된다.

흔히 부모들은 아이가 쓴 글에 자기 생각이 없다고 한다. 아이에게 머리가 있고 마음이 있는데 생각과 감정이 없을 리 없다. 다만 이를 표현할 수 있는 언어가 부족할 뿐이다. 자기 안에 오가는 감정을 어떤 언어로 말해야 할지, 비슷한 자기 경험을 꺼내도 괜찮은지 확신할 수 없을 뿐이다.

아이가 글쓰기를 너무 어려워하고 지겨워하면 학년과 무관하게 부모가 먼저 읽어준 책으로 독후감을 써보게 한다. 부모가 읽어줬으니 아이가 어떤 장면에서 놀라고 어떤 장면에서 몰입했고 어떤 장면에서 화를 냈는지 알 수 있다. 아이의 글을 읽어보고 부족하다 싶은 점을 질문해도 되고 먼저 책에 관해 이야기를 나누고 쓰게 할 수도 있다.

책 읽고 나누는 대화를 검사로 여기면 아이는 말하기를 거부한다. 부모에게는 그저 들어주는 귀만 필요하다. "그래?", "그런데?", "그렇구나!"처럼 추임새만 넣어도 충분하다. 아이의 말을 잘 들으면 자연스럽게 궁금한 점이 생긴다. 그때 짧게 묻는다. 이렇게 풀어낸 말이 모두 아이의 쓸거리가 된다.

아이가 내용을 이해했는지 미심쩍을 때

초등학교 2학년 어린이가 《꽝 없는 뽑기 기계》를 읽고 독후감을 썼다. 이 동화는 60여 쪽밖에 안 된다. 하지만 읽고 나면 어른들은 울먹울먹한다. 주인공 희수가 뽑기를 하겠다고 조르는 바람에 아빠가 무리해서 차를 몰다 교통사고가 났다. 엄마와 아빠는 세상을 떠났고 희수는 그 충격으로 말을 잃었다. 그 아픔을 판타지로 그려낸 작품이다. 한 아이가 이 동화를 읽고 한 줄 독후감을 썼다.

꽝이 없는 뽑기 기계를 가지고 싶어요.

빼먹지 않고 독서 기록을 하는 건 칭찬할 만한 일이지만 이 한 줄 독후감은 아쉽다. 부모는 아이가 독서록을 '쓰는 것'만 검사하지 '어떻게 썼는지'는 살피지 않는다. 이 글로 미루어볼 때 아이는 책 내용을 이해하지 못했다.

사실 부모가 동화를 읽지 않았다면 아이의 글이 이상하다는 점을 알 수 없을 것이다. 이 책이 '꽝이 없는 뽑기 기계' 때문에 벌어진 해프닝을 담았다고 짐작할 수도 있다. 물론 부모가 아이가 읽는 책을 모두 따라 읽을 수는 없다. 그렇더라도 아이가 쓴 글이 일정한 형식을 반복하고 있다면 관심을 갖고 살펴야 한다. 아이가 책 내용을 이해하지 못했거나 어떻게 써야 할지 몰라 임기응변으로 빈칸만 채우고 있을 수 있다. 아이에게 "줄거리를 말해봐", "뭘 느꼈어?"라고 묻지 않아도 아이가 쓴 글을 읽어보면 내용을 얼마나 이해했는지를 알 수 있다.

문학은 주인공과 사건으로 서사를 쌓고 그 속에 단서와 상징을 숨기고 복선을 깐다. 동화는 그렇지 않다. 어린이는 아직 복잡한 서사나 양면성을 지닌 캐릭터를 이해하기 버겁다. 그래서 대개 꾸밈없이 직선적으로 이야기를 전개한다. 《꽝 없는 뽑기 기계》는 이런 점에서 3~4학년 아이들이 읽기에 벅찬 작품이다. 문학적 상징을 이용해 이야기를 전개한 작품이라 내용을 충분히 이해하기 어렵다. 아이가 '꽝 없는 뽑기 기계를 갖고 싶다'고 쓴 것은 다시 말해 내용을 이해하지 못했다는 뜻이다.

동화에서 희수는 자기 때문에 부모가 죽었다는 죄책감을 지니고 있다. 죄의식 때문에 자꾸 운동화에서 나쁜 냄새가 나는 것 같고, 남들 앞에서 말을 할 수 없다. 이런 희수의 마음이 판타지를 만들었고 희수만큼 어려진 엄마와 아빠가 나타나 희수를 '꽝 없는 뽑기 기계'로 이끈다. 마음이 아픈 희수를 도와주고 싶은 부모의 간절함, 다시 부모를 만나고 싶은 희수의 아픈 마음이 판타지 세계를 만들었다.

아이가 동화를 이해하지 못했다고 염려할 것 없다. 이번에는 부모가 소리 내 읽어준다. 그러고 나서 "꽝 없는 뽑기 기계가 진짜로 있는 걸까?" 혹은 "꽝 없는 뽑기 가게에서 만난 아이들이 누구지?" 처럼 중요한 질문을 주고받는다. 그러다 보면 차차 희수가 꽝 없는 뽑기 기계에서 뽑은 것들이 왜 시시한 물건뿐인지, 그 물건들이 희수에게 어떤 의미가 있는지를 하나씩 알아갈 수 있다.

초등학교 내내 아이가 독서 기록을 채우는 것만이 중요한 것은 아니다. 결국 독서 기록은 수단에 지나지 않는다. 꾸준히 읽고, 읽은 내용을 깊이 새기기 위해 글을 쓰는 것이다. 그러려면 먼저 부모와 교사가 아이가 쓴 글을 정성스럽게 읽어야 한다.

일기 쓰는 엄마

송언 글, 최정인 그림, 잇츠북어린이

누군가 쓴 글을 잘 읽고 댓글을 달아주는 일의 중요성을 일깨우는 작품이다. 특이하게 아이 대신 엄마가 일기를 쓰는 설정이다. 일기를 쓰는 사람은 가온 이의 엄마다. 사연이 있다. 가온이는 지능 장애가 있다. 말은 하는데 아직 읽 는 것도 쓰는 것도 어렵다.

어떻게 하면 좋을까 고민하던 엄마는 가온이의 담임 선생님이 아이들 일기장 을 읽고 재미난 댓글을 달아주신다는 이야기를 듣는다. 덕분에 민수가 일기 쓰는 데 재미를 붙였다고 했다. 엄마는 가온이가 외톨이가 되지 않도록 대신 일기를 써야겠다고 마음먹는다. 저녁을 먹고는 가온이와 식탁에 마주 앉아 오늘 있었던 일 가운데 가장 기억나는 걸 말해달라고 부탁한다. 가온이의 이 야기를 듣고 엄마가 대신 일기를 쓰고 담임 선생님이 댓글을 달아주신다. 엄 마는 가온이의 마음이 되어 일기를 쓰는 재미에 빠진다. 3학년이 되어 가온 이는 드디어 한글을 깨치고 이제 엄마는 가온이와 함께 일기를 쓰겠다고 결 심한다.

가온이 담임 선생님처럼 어린이가 쓴 글에 댓글을 달아주는 부모와 교사가 있다. 모든 처음은 여리고 서툴다. 우선은 글에 대해 구체적으로 응원하고 지 지하는 댓글이 큰 힘이 될 수 있다는 걸 보여주는 작품이다. 꼬박꼬박 댓글을 달아주는 어른이 있을 때 아이가 글을 써야 할 이유도 생긴다.

가정 통신문 소동

송미경 글, 황K 그림, 위즈덤하우스

아이의 마음이 되어보는 일, 세상에서 제일 어려운 일이다. 아이가 쓰기 싫다고 하면 '쟤가 뭐가 되려고 저러나?' 걱정부터 된다. 이럴 때 추천하는 동화가 있다. 송미경의 《가정 통신문 소동》이다.

학교에서 집으로 보내는 가정 통신문은 자고로 어린이들에게 귀찮은 일만 만들어준다. 영어 말하기 대회나 글짓기 대회를 알리는 가정 통신문만 없으면 어린이가 마음 편하게 지낼 수 있지 않을까. 이상이네 학교에 교장 선생님이 새로 오셨는데 그 무렵부터 가정 통신문의 내용이 영 엉뚱해진다. 이런 식이다. "학부모가 아이가 평소 즐겨 보던 만화책이나 영화를 세 편 연달아 보고, 감상문을 써서 아이 편에 보내주세요", "아이가 좋아하는 컴퓨터 게임이나 놀이를 세 시간 이상 함께 한 뒤, 진 사람이 아주아주 긴 소감문을 써서 제출하면 됩니다." 교장 선생님이 내준 부모 숙제를 하던 엄마는 급기야 이상이에게 이런 말을 한다. "아우, 정말 소감문은 힘들어. 그러고 보니 너희들이 그동안 고생이 많았겠구나! 독서 감상문이니 관찰 보고서니 뭐니 해서 써야 할 게 얼마나 많았니?" 대체 이게 어찌 된 일인지 궁금하다면 아이와 함께 책을 만나보길!

3

느낀 점을
쓰라던데요?

책을 잘 읽으면 읽기 전과 후가 달라진다. 읽기는 변화를 가져온다. 간혹 한 권의 책으로 인생이 바뀌었다고 말하는 이들은 이 변화를 겪은 독자다. 나를 주어로 한 권의 책을 읽기 전과 읽은 후가 어떻게 달라졌는지를 쓰는 것, 이것이 독후감이다. 부모 세대는 학창 시절에 '독후감에는 줄거리와 느낀 점을 담는다'라고 배웠을 것이다. 이 느낀 점이 '변화'를 뜻한다. 지금도 교사가 아이들의 독후감을 검사할 때 느낀 점을 쓴 부분에 밑줄 또는 별표를 치고 칭찬을 한다.

독후감에 담아야 할 구성 요소 중 하나가 '느낀 점'인 것은 맞는다. 한데 실제 독서 교육에서 느낀 점 쓰기는 적지 않은 부작용을 낳는다. 느낀 점을 쓰라고 하면 아이들은 무얼 쓰면 좋을지 모르겠다며 막막해한다. 어린이뿐 아니라 한 권의 책을 읽고 자신에게 일어난 화학적 변화에 관해 쓰는 건 초보 독자에게 버겁다. 중고등학교에서도 독후감 과제를 내줄 때 느낀 점을 쓰라고 하면 제대로 쓰는 학생이 별로 없다. 주눅이 들고 쓸 말은 없는데 빈칸은 채워야 하니 '좋다', '싫다', '재미있다', '재미없다' 같은 일차원적 말들로 마무리를 짓는다.

반성과 다짐으로 얼룩진 독후감

느낀 점을 구체적으로 쓰지 못하는 이유는 여러 가지다. 예를 들어 책이 어려웠거나 집중하지 못하고 건성으로 읽었을 수도 있다. 혹은 쓰기 귀찮았을 수도 있다. 느낀 점을 쓰려면 잠시 멈추어 읽은 내용을 다시 떠올려보는 시간이 필요하다. 이 과정을 생략하고 무턱대고 쓰려니 할 말이 없다. 빨리 독서록 쓰기를 끝내야 게임도 하고 친구랑 놀 수 있으니 대충 휘갈겨 쓴다.

어린이는 아직 세상 경험도, 책과 미디어를 통해 접할 수 있는 너른 지식도 부족하다. 그러다 보니 읽은 책에서 느낌을 끌어내는 일은 제한적일 수밖에 없다. 현대문학의 3대 거장 중 한 사람으로 불리는 이탈로 칼비노는 "우리가 각자 경험과 정보와 우리가 읽은 것들의 조합이 아니라면 누구란 말인가 (⋯⋯) 각자의 삶이 백과사전이며 도서관이다"라는 말을 했다. 책은 언제나 '나'라는 거울에 비추어가며 읽을 수 있다. 결국 우리는 아는 만큼만 읽을 수 있다. 경험과 지식의 총량이 부족하면 책에서 얻어갈 것도 그만큼 적어진다. 읽고 느끼고 쓰는 과정은 공짜가 아니다. 일정한 숙련의 시간이 필요하다. 초보자에게 느낀 점을 쓸 수 있도록 도와주지는 않고 무조건 길게 쓰라고 하니 억지로 느낀 점을 만든다.

그 결과 아이들이 쓴 글에는 기계적인 반성이 많다. 무엇이든 잘하고 열심히 하겠다는 다짐이다. '앞으로 일찍 일어나야겠다', '친구들에게 거짓말을 하지 않아야겠다'고 반성하는 것이 나쁠 게 없다. 하지만 이 반성이 타성에 젖는다. 독후감이 매뉴얼도 아닌데 어린이의 글이 판박이처럼 똑같은 반성과 다짐으로 얼룩진다.

교육이란 참 무서운 것이어서 성인이 쓴 독후감을 읽어보면 어린이가 쓴 것과 엇비슷하다. 언제나 스스로를 반성하고 미래를 다짐한다. 부모가 이렇게 독후감을 쓰는 게 옳다고 믿으면 의당 어린이의 글도 비슷하게 지도한다. 콤플렉스만 대물림되는 것이 아니라 독후감 쓰기도 대물림된다.

처음부터 어린이에게 느낀 점을 주문할 필요는 없다. 아이가 억지로 느낀 점을 만드는 대신 책을 읽고 나서 하고 싶은 말을 쓰면 된다. 한 권의 책을 읽고 뭔가 마음으로 찾아온 것, 떠오른 일이 있다. 잘 이해되지 않는다면 그 이야기조차 솔직하게 쓴다. 독후감을 쓸 때 가져야 할 덕목은 꾸미지 않는 마음이다.

2학년 어린이가 앤서니 브라운의 그림책 《윌리와 악당 벌렁코》를 읽고 독후감을 썼다

줄거리: 윌리는 잘하는 게 없는 것 같았어요. 하지만 책 읽는 걸 좋아하고, 친구 밀리와 공원을 거니는 걸 좋아했죠. 윌리는 축구를 못했어요. 하지만 애는 썼어요. 윌리는 자전거 경주도 했어요. 열심히 했죠. 가끔 윌리는 수영장에 갔어요. 어떤 때는 밀리랑 극장에도 갔죠. 언제나 똑같았어요. 모두들 윌리를 보고 웃었어요. 그때 무시무시한 인물이 나타났어요. 악당 벌렁코였어요. 아이들이 쏜살같이 달아났어요. 벌렁코가 난폭하게 주먹을 날렸어요. 윌리는 무사히 피했어요. 악당이 우네요.

느낀 점: 내가 윌리라도 슬펐을 것 같다. 윌리가 경주할 땐 한숨이 나왔다. 왜냐하면 천천히 달리고 있었다. 나도 어릴 적에 자전거를 잘 못 탔다. 그런데 지금은 자전거를 잘 탄다. 네 발이지만 비밀. 나는 언제 두 발 탈까.

2학년 어린이다운 독후감이다. 자기가 읽은 만큼 솔직하게 썼다. 축구를 못하는 윌리의 처지를 자전거를 못 타는 자신의 입장에 비추었다. '윌리가 천천히 달리고 있어서 한숨이 나왔다' 같은 문장에

서 아이의 마음이 그대로 느껴져 짠하다. 같은 어린이가 3학년이
되어 현덕의 《과자》를 읽고 독후감을 썼다.

> 줄거리: 나 하나만. 그럼 너하고만 놀게. 악, 과자의 힘은 대단하다. 나하
> 고만 놀 친구가 과자처럼 많습니다. 기동이는 왕처럼 친구들을 몰고 다닙
> 니다. 앗 그런데 이럴 수가? 과자가 떨어진다. 나하고만 논다 했던 친구들
> 은?
> 느낀 점: 친구를 속이면 안 되겠다.

한 학년이 올라갔는데 도리어 글은 헐렁해졌다. 2학년 때 쓴 글
이 훨씬 낫다. 3~4학년 어린이는 만화나 미디어에서 본 유머러스
한 말투를 따라 쓰거나 요령을 피운다. 저학년 때는 솔직하게 쓰지
만 3학년이 넘어가면 더 이상 그렇게 쓰지 않는다. 그저 '~해야겠
다'라고 끝낸다. 다시 말해 느낀 점 쓰기를 반성하기로 때운다. 상
투적인 반성을 하는 걸로 느낀 점을 쓰는 습관이 들어버린다. 이럴
바에야 느낀 점을 강요하지 말고 자유롭고 솔직하게 하고 싶은 말
을 쓰도록 길을 터주는 편이 낫다.

쓰면서 자라는 아이들 ____

느낀 점 대신 하고 싶은 말 쓰기

김리리 작가의 만복이네 떡집 시리즈에 《소원 떡집》이 있다. 3학년 어린이가 이 책을 읽고 독후감을 썼다.

이 책은 꼬랑쥐라는 쥐가 사람이 되고 싶어 돌아다니다 우연히 소원 떡집이라는 떡집을 발견하고 떡집에서 근무하면 사람이 된다는 것을 알게 돼서 떡집에서 근무하는 이야기다. 떡 세 개를 배달하자 사람이 된다. 나는 여기 나온 떡들 중에서 가장 먹고 싶었던 떡은 바로바로 시간을 되돌리는 호떡이다. 나는 시간을 되돌릴 거면 일곱 살로 갈 것이다. 왜냐면 그때는 엄마가 화를 안 냈고 친구들도 많았기 때문이다.

《소원 떡집》의 주인공인 꼬랑쥐는 자신이 쓸모없다 여긴다. 앞니가 작아서인데 그래서 사람이 되고 싶어 한다. 삼신할머니는 소원을 들어주는 떡집 운영이 바쁘자 꼬랑쥐를 배달원으로 채용한다. 이렇게 하여 꼬랑쥐는 아이들의 소원을 들어주고 나중에는 사람이 되어 저처럼 외로웠던 아이들의 편이 되어준다는 이야기다.

이 책을 읽고 아이들은 꼬랑쥐처럼 '나의 목표를 향해 나아가서 내 꿈을 꼭 이룰 거다'라고 다짐할 수도 있다. 혹은 친구들이 외롭지 않은지 지켜보고 꼬랑쥐처럼 옆에 같이 있어주고 도와주어야겠다고 반성할 수도 있다. 이런 반성과 다짐 전에 왜 그런 생각이 들었는지 솔직한 내 마음을 만나는 게 먼저다.

독후감을 쓴 3학년 어린이는 엄마가 공부하라고, 말썽 좀 그만 피우라고 야단치지 않던 일곱 살 시절로 돌아가고 싶다고 썼다. 숙제도 학원도 없이 신나게 놀고 사랑받던 시절이 좋았다고 솔직하게 말해도 괜찮다. 이렇게 쓴다고 아이가 정말로 현실을 외면하거나 도피하지는 않는다. 세상에 기계적인 다짐과 반성을 하며 성장하는 아이는 없다. 아이는 친구들과 뛰어놀고 관계를 맺으며 자기 내면을 솔직하게 들여다보며 성장한다. 글은 그러기 위해 쓰는 것이다.

쓰면서 자라는 아이들____

베테랑 교사의

4

독후감 숙제는
무엇이 다를까

생각해보면 내가 청소년 시절 독서 노트를 쓰기 시작한 계기는 읽다 보니 자꾸 '마음에 드는 문장'이 나타났기 때문이다. 이 구절을 기억하고 싶어서 노트에 적기 시작했다. 처음에는 책에 나온 문장을 따라 적었는데 차츰 마음속에 품은 말들이 딸려 나왔다. 아마 독서가라면 누구나 이런 경험이 있을 테다. 아이들도 자연스럽게 이런 계기를 만날 수 있다면 좋은데 그러지 못할 경우 방법론이 필요하다.

아이들이 느낀 점이라는 말만 들어도 부담을 느끼니 베테랑 교사들은 독후감 숙제를 낼 때 '느낀 점'을 쓰라고 요구하지 않는다. 대신 구체적인 쓸거리를 준다. 이때 쓸거리는 동화와 지식 책을 구분해 제시해주는 것이 좋다. 우선 동화책부터 살펴본다.

한 문장이면 충분하다

책을 읽고 난 후 '기억에 남는 구절을 세 가지 적어보기'처럼 구체적인 과제를 준다. 어떤 책이든 잘 읽었다면 인상에 남는 대목이 있기 마련이다. 이런 구절을 찾아 적고, 이유를 적는 것이다. 삶의 경험이 중첩될수록 지금 이 순간 만난 어떤 단어 혹은 이미지가 기폭제가 되어 과거의 기억을 소환할 때가 많다. 예컨대 요즘은 흔한 과일인 바나나를 보고 어릴 적 귀했던 바나나를 사 온 아버지를 떠올리는 식이다. 나에게 감동적인 문장이란 어쩌면 내 삶의 산물이다. 아직 살아갈 날이 많은 어린이에게 이런 연상 작용은 드물지만 읽은 것을 삶과 연결시키는 연습을 하면 좋다. 보고 읽은 것과 쓸거리를 연결시키는 훈련이 필요하다. 막연하게 느낀 점을 쓰기보다는 구체적인 문장을 찾고 거기에 자신을 비추는 식으로 방법을 바꾸는 편이 낫다. 동화에 실린 여러 표현 중에 아이가 왜 이 문장을 골랐는지도 써본다.

한 어린이가 《브로콜리 도서관의 마녀들》(이혜령 글, 이윤희 그림,

쓰면서 자라는 아이들

비룡소)을 재미나게 읽고 "무엇보다 치치와 소율이를 응원해준 어린이들에게 더 큰 재미로 보답할게요"라는 작가의 말을 인상 깊다고 적었다. 본문도 아니고 작가의 말을 쓴 이유는 뭘까. 동화가 너무 재미있는데 이 글을 보고 작가가 2편을 쓸 거라는 기대가 들었기 때문이다. 의외지만 이유는 충분하다.

'책에서 가장 중요하다고 생각되는 문장을 찾아 적어보기'도 비슷한 훈련이다. 흔히 "주제가 뭐냐", "작가의 생각이 뭐냐"라고 묻지만 질문 자체가 어렵다. 이를 어린이 눈높이에 맞춰 말하면 '책에서 제일 중요한 문장'을 찾는 일이다. 고학년 동화는 특히 작가가 말하고 싶은 핵심 문장이 동화 안에 있다. 핵심을 찾고 근거를 생각해보면 자연스럽게 쓸거리가 나온다. 예컨대 《축구왕 이채연》(유우석, 창비)을 읽고 어린이 독자가 제일 중요하다고 생각한 문장을 적어보도록 한다. 물론 독자마다 다를 수 있다. 나에게는 "운동장을 달리며 온 신경을 공에 집중하면 아무 소리도 들리지 않는다. 오직 내 숨소리와 몸속에서 꿈틀거리는 무언가만 느껴질 뿐이다"였다. 막연하게 느낀 점을 쓰라고 하지 말자. 정말 막연하게 쓴다.

문장을 찾아 적는 일이 익숙해지면 다음으로 인상 깊은 문장을 살짝 바꿔 내 말로 만들어본다. 웹진 채널예스의 엄지혜 기자가 쓴 《태도의 말들》은 인터뷰를 하며 만난 작가들의 한마디를 담은 책이다. 이 책을 넘기다 보면 사회학자 엄기호의 "말하지 못하는 것들을 들을 수 있어야 한다"라는 문장이 나온다. 이 문장을 나는 이렇게 바꾸었다. "말하지 않는 시간을 즐길 수 있어야 한다" 처음에는 인상 깊은 문장이나 중심 문장을 적지만 시간이 흐르면 이처럼 문장의 구조를 내 것으로 만드는 일을 한다. 문장 자체를 그대로 따라 쓰면 표절이지만 문장의 구조는 독자의 것이다.

이반디 작가의 《꼬마 너구리 요요》(창비)라는 동화를 사랑한다. 요요의 감정이 손에 잡힐 듯 그려져 있지만 어려운 단어를 하나도 쓰지 않았다. 동화에는 아름다운 문장이 많다. 이 중에서 아이가 쓰고 싶은 표현을 골라보고 단어를 바꾸어 써본다.

동화에 "후우가 웃는 것을 보자 요요는 뭔가가 가슴을 콕 찌른 것 같았어요"라는 구절이 나온다. 아기 너구리 요요는 후우를 동생으로 삼고 싶다. 하지만 후우는 요요 말고 요요의 친구를 더 좋아한다. 이 사실을 깨닫고 난 뒤 가슴이 아픈 요요가 제 마음을 이렇게 표현했다.

'가슴을 콕 찌른 것 같다'는 말은 두고두고 써먹을 만한 표현이다. "친구가 이사를 가버리자 뭔가가 내 가슴을 콕 찌른 것 같았어요", "소중한 인형을 잃어버렸다는 걸 깨닫자마자 뭔가가 내 가슴을 콕 찌른 것 같아"처럼 쓰면 된다.

동화책을 읽고 가장 인상 깊은 구절, 제일 중요한 문장을 찾았다면 구조를 이용해 내 마음을 표현할 수 있다. "요요가 슬퍼하는 걸 보자 뭔가가 내 가슴을 콕 찌른 것 같았어요"라고 말이다.

지식 책에서 뭘 느끼죠?

초등학생은 물론이고 중학생도 가장 힘들어하는 분야의 독후감이 있다. 논픽션이다. 지식과 정보를 전달하는 사회, 역사, 과학 책을 읽고 과연 느낀 점을 어떻게 써야 할까. 동화책도 어려운데 지식 책을 읽고 느낀 점을 쓰기는 훨씬 어렵다. 해당 분야에 대한 전문 지식도 없고, 내용의 옳고 그름을 판단할 만한 배경지식도 없다. '동물들의 집'에 관한 책을 읽고 어린이가 쓴 독후감이다. 독후감을 쓸 때는 무조건 느낀 점을 쓰라고 했는데 어떻게 쓸지 몰라 당혹스러워하고 있는 모습이 담겼다.

> 줄거리: 동물들은 사는 곳이 저마다 다릅니다. 달팽이는 자기 껍질. 새는 새 둥지. 개미는 땅속. 여우는 바위에 짓죠. 비버는 물 위에서 산답니다.
> 느낀 점: 이 책은 진짜 모르겠다.

동화와 교양서의 독후감은 써야 할 내용이 달라지는 게 맞다. 지식의 갈래를 다시 나누어 사회, 과학, 인물 이야기의 독후감 쓰는 법을 설명할 수도 있다. 아직 3~4학년이라면 너무 복잡한 잣대를 들이대지 말고 우선 책을 읽고 새롭게 알게 된 사실을 적어보게 하는 것부터 시작한다.

세계지도, 세계의 음식과 문화 등 사회 교과와 관련된 책을 읽고 독후감을 쓰라고 하면 "이 책은 재미있었다. 몰랐던 걸 많이 알았다. 세계에 여러 종류의 음식이 있다는 게 신기했다"라고 쓰는 게 어린이의 최선이다. 그러지 말고 '새롭게 알게 된 사실을 한두 가지 적어보기'처럼 구체적인 쓸거리를 제시해준다. 《고래 책》(안드레아 안티노리 지음, 홍한결 옮김, 단추)을 읽고 어린이가 쓴 독후감이다.

> ①고래는 바다에 살지만 어류가 아니다. 인간과 같은 포유류다. ②고래는 새끼를 낳고 젖을 먹여 키우며 체온이 일정한 정온동물이다. ③고래는 수염고래와 이빨고래로 나뉜다. ④수염고래는 채반의 원리처럼 입안 가득 바닷물을 머금고 크릴만 남겨두고 물을 쭉 뱉어낸다. ⑤반면 이빨고래는 오징어 같은 것들을 이빨로 물고 삼킨다. ⑥나는 고래 중에 돌고래가 제일 좋다.

①과 ②는 어린이가 책을 읽고 알게 된 고래의 두 가지 특징이다. ③은 고래의 종류를 말하는 문장이고 이를 ④와 ⑤에서 세부적으로 설명한다. ⑥은 일종의 느낀 점이다. 자신이 좋아하는 고래를 말했다. 조금 더 욕심을 내면 왜 돌고래가 좋은지를 쓰면 된다.

자기가 특별하게 좋아하는 분야에 대해 글을 쓸 때 아이의 글은 밀도가 달라진다. 어른도 자신이 잘 알고 있는 분야라면 신이 나서 말을 하거나 글을 써도 길게 쓸 수 있다. 혹시 아이가 곤충이나 기차를 좋아하고 이 분야의 책을 즐겨 읽었다면 독후감을 쓸 때 관심이 없는 분야보다 훨씬 잘 쓴다.

　동화책은 읽는데 지식 책은 질색한다는 어린이도 꽤 많다. 읽기도 싫은데 독후감은 더더욱 어렵다. 그럼에도 아이를 잘 살피면 언제나 좋아하는 것들이 있다. 요리, 디자인, 패션, 역사 등 어린이가 조금이라도 관심 있는 주제가 있다면 이를 다룬 지식 책부터 시작한다. 책을 읽고 새롭게 알게 된 것들을 몇 가지 적는다. 달랑 한 권 읽고 마는 게 아니라 그 분야의 책을 여러 권 읽는다. 마찬가지로 새롭게 알게 된 걸 써본다. 이렇게 어떤 분야의 책을 여러 권 읽으면 그 주제에 대한 배경지식이 쌓인다. 한 권만 읽고 쓸 때보다 보는 눈이 생기고 책을 비교할 수도 있으며 쓸 말이 많아진다. 또한 특정 분야의 책을 읽고 쓰는 것이 자신감이 생기면 같은 방법으로 다른 분야로도 확장해볼 수 있다.

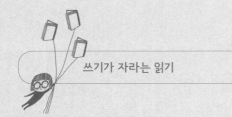

3학년부터 배우기 시작하는 사회 과목을 어려워하는 어린이가 많다. 지리, 역사, 문화는 처음 들어보는 개념어도 많이 나오고 외워야 할 것도 많으니 진입 장벽이 있다. 이럴 때 교과서에서 배우는 내용을 다룬 책들을 부교재처럼 활용해보는 것도 좋다. 예를 들어 세계의 지리나 문화에 대해서라면 곧이곧대로 이 분야를 정면으로 다룬 책을 찾을 게 아니라 음식으로 하는 세계 여행을 콘셉트로 삼은 책부터 시작한다. 세계의 명절이나 음식은 아이들이 세계의 문화와 지리적 특성을 이해하는 데 좋은 소재다.

요리조리 맛있는 세계 여행
최향랑 지음, 창비

그림책 작가로 활발하게 활동하는 최향랑 작가의 데뷔작이다. 창비 '좋은 어린이 책' 원고 공모에서 당선된 작품으로 세계의 요리를 통해 각 나라의 역사와 문화를 엿보는 이야기책이다. 마파두부, 파에야, 까르보나라, 부리토, 쌀국수 등이 소개되는데 아이와 엄마가 판타지 설정을 통해 이국의 요리사를 만나 이야기를 듣고 요리법까지 배운다. 요리법이 소개되어 있어 어린이와 함께 읽고 직접 요리를 해 먹고 이왕이면 지도를 찾거나 관련 자료를 찾아가며 시야를 넓히기 좋은 책이다.

Maps
알렉산드라 미지엘린스카·다니엘 미지엘린스키 글그림, 이지원 옮김, 그린북

그야말로 지도책이다. 한데 그냥 지도가 아니다. 예컨대 노르웨이 지도를 펼

162

치면 가장 유명한 동물, 놀이, 음식, 예술가 등이 빼곡하게 그려져 있다. 어린이가 가본 곳, 또 앞으로 가고 싶은 곳이 있다면 그곳의 문화와 역사와 요리 등에 어떤 이야기가 담겨 있는지를 지도로 만나볼 수 있다. 그야말로 지도 한 장에 담긴 이야기가 어마어마하다.

○
세계 음식 여행
박찬일 글, 애슝 그림, 토토북

글 쓰는 요리사로 유명한 박찬일이 쓴 어린이를 위한 음식 인문학 책이다. 카레나 마파두부처럼 한 요리에 얽힌 이야기를 담는 데서 그치지 않는다. 요리는 어떻게 시작되었는지, 맛을 내는 소금이나 향신료에 얽힌 이야기 등 인류와 음식에 담긴 기원과 역사에 대한 근원적인 이야기부터 하나씩 들려준다. 앞의 책들과 상호보완적으로 읽기에 적당하다.

5

줄거리를
꼭   넣어야 할까

독후감에 포함되어야 할 내용은 간략한 책 소개, 줄거리 요약, 등장인물에 대한 소개와 공감, 작가가 말하고자 하는 중심 생각, 책을 읽은 뒤 나의 생각(느낀 점) 등이다. 이런 요소들을 단번에 글 속에 솜씨 좋게 담을 수는 없다. 학년이 올라가며 차근차근 배우면 된다.

독후감에 담겨야 할 요소 중 느낀 점은 생략해도 좋다고 말했다. 그렇다면 줄거리는 어떻게 할까. 써야 할까, 말아야 할까. 과거에는 독후감에 책 내용이나 줄거리가 없으면 큰일 나는 줄 알았다. 심지어 줄거리를 안 쓰면 안 읽은 것으로 여기는 경우도 있었다. "그딴 식으로 쓸 거면 차라리 쓰지 마!"라고 불호령을 내리기도 했다. 요즘은 독후감에서 줄거리 요약을 강제하지 않는다. 하지만 독후감에서 줄거리 쓰기는 여전히 필요하다.

줄거리 쓰기는 요약 훈련이다

독후감을 쓸 때 줄거리를 강조하지 않는 가장 중요한 이유는 인터넷 때문이다. 검색 사이트에서 책 제목을 치면 손쉽게 줄거리를 얻을 수 있다. '푸른 사자 와니니 줄거리'라고 검색을 했더니 이런 간절한 글이 보였다.

독서록 3일 뒤에 내야 되는데 엄마가 에어팟 압수한대요. 도와주세요. 10줄만 적어주시고요.

줄거리를 쓰라고 해봤자 얼마든 긁어올 수 있다. 이럴 바엔 책을 읽고 2~5줄 정도 느낀 점 쓰기를 하는 게 더 나을 수 있다. 초등학생만 그런 게 아니다. 대학생도 별반 다르지 않다. 글쓰기 수업에서 아예 서평 쓰기를 제외한 대학도 있다. 그럼에도 줄거리 쓰기는 필요하다. 줄거리 쓰기는 요약 훈련이기 때문이다. 독후감을 쓰며 자신의 생각과 느낌을 표현하는 연습을 하듯 줄거리를 쓰며 핵심을 간추리는 법을 배울 수 있다. 톨스토이의 《안나 카레니나》는 세 권을 합치면 분량이 1500쪽에 이른다. 등장인물도 많다. 이런 책의 서평은 핵심을 잘 간추리지 않으면 쓸 수 없다. 독서 토론을 위해 인문서를 읽을 때도 앞 챕터에서 했던 주장과 핵심 내용을 이해해야 다음 챕터에서 전개되는 논리를 따라갈 수 있다. 이럴 때 요약은 필수다. 독후감이나 리뷰는 기본적으로 요약 훈련을 바탕에 깔고 있다.

요약 훈련이라고 하니 귀찮은 일이 또 하나 생긴다고 여길 수 있다. 알고 보면 요약은 우리가 늘 하는 일이다. 학교에서 수업을 듣고 필기할 때 선생님의 숨소리까지 모든 내용을 받아 적을 수는 없다. 핵심을 간추려 요약하며 필기해야 한다. 역사든 과학이든 교과서를 읽고 공부할 때 세부적인 내용을 자세히 살펴 읽고 이해하는 것도 중요하다. 하지만 전체가 어떤지를 요약하는 일 또한 필요하다. 요약을 하면 전체를 구조적으로 바라볼 수 있어 지식의 선후 관계와 입체적 연관성까지 그릴 수 있다. 직장인이 되어 가장 많이 하는 일은 사업계획서를 쓰고 프레젠테이션을 하고 보고서를 작성하는 일이다. 이런 일을 할 때도 핵심은 요약하기다. 오죽하면 보고서를 핵심만 명쾌하게 한 장으로 쓰는 '원 페이지 프로포절'이라는 기법이나 엘리베이터를 타고 가는 동안 짧게 브리핑하는 '엘리베이터 스피치'라는 말이 있겠는가.

쓰면서 자라는 아이들

줄거리를 써본다는 건 다른 말로 요약하기를 뜻한다. 한 권의 책을 읽고 난 후 살을 발라내고 뼈대를 드러내는 일이다. 학창 시절 국어 시간에 기승전결 혹은 발단, 전개, 위기, 절정, 결말 같은 글의 구성을 배울 때 '소설을 쓸 것도 아닌데 이런 걸 구태여 배우는 이유는 뭘까' 싶었다. 게다가 늘 위기와 절정이 헷갈렸다. 시간이 흘러 이유를 알았다. 이야기의 구성 요소를 안다면 장편소설이라 할지라도 짧은 문장으로 요약할 수 있기 때문이다.

책을 읽고도 줄거리를 말하지 못하는 이유

아이가 책을 읽었다고 하면 흔히 부모가 "줄거리를 말해봐!"라고 요구한다. 이때 아이가 제대로 말하지 못하면 '책을 읽고도 이해를 못 하는구나' 하고 걱정을 하거나 혹은 '책을 안 읽었는데 읽었다고 거짓말을 하나?'라고 의심을 한다. 줄거리를 말하지 못한다는 건 틀리면 어쩌나 하는 심리적인 이유 때문일 수도 있다. 혹은 아이가 한 권의 책을 읽고 짧게 요약하는 법을 모르기 때문일 수도 있다.

어린이에게는 책에 담긴 모든 요소가 다 중요하다. 모든 걸 이야기하려고 하니 핵심이 없고 장황하다. 이야기의 구성을 알고 나면 500쪽이나 되는 두꺼운 소설이라 해도 간단하게 정리할 수 있다. 주인공이 누구고, 배경은 언제, 어디인지, 어떤 장애물을 만나 위험에 처했는지, 어떻게 해결이 되어 결론에 이르렀는지를 파악하면 된다. 소설의 구성을 정리한 보편 개념이 기승전결의 4단 구성이나 발단-전개-위기-절정-결말 같은 5단 구성이다.

한 어린이가 이언 포크너의 그림책 《서커스 곡예사 올리비아》를 읽고 독후감을 썼다.

줄거리: 이 책의 주인공이 올리비아입니다. 올리비아는 아기 돼지입니다. 올리비아에게는 동생이 있습니다. 첫째 동생은 이언, 둘째 동생 윌리엄에게 밥을 차려준 다음 학교에 갑니다. 올리비아가 학교에서 방학 동안 있었던 이야기를 얘기하면서 이야기가 시작됩니다. 방학 동안 있었던 이야기 중에서 서커스에 간 이야기를 합니다. 그런데 서커스 극단 단원들이 모두 귀가 아파서 올리비아가 극단 단원 대신 하게 됩니다. 서커스 극단 단원이 돼서 문신 아가씨 올리비아도 되고 사자 조련사 올리비아도 되고 외줄 타기 곡예사 올리비아도 되고 긴 막대기를 타고 가기도 하고 공으로 재주를 부리기도 하고 어릿광대가 되고 외바퀴 자전거도 타고 공중그네 타기 곡예사 올리비아도 되고 개 조련사 올리비아 부인도 되었다고 선생님한테 이 얘기를 합니다. 하지만 선생님은 거짓말이 아니냐고 묻다가 지쳐서 말을 안 합니다. 그러고서는 올리비아는 학교 끝나고 집으로 갑니다. 그리고 올리비아가 잠이 들면서 재미있게 이야기는 끝납니다.

느낀 점: 재미있는 책인 것 같다.

쓰면서 자라는 아이들____

거짓말을 조금 보태면 이언 포크너의 그림책에 쓰인 글보다 어린이가 쓴 줄거리가 더 길다. 그림책은 그림으로도 많은 이야기를 들려주니 어린이는 그것까지 쓰느라 줄거리가 하염없이 길어졌다. 본질적으로 어린이는 요약하는 법을 모르기 때문에 이렇게 장황하게 쓰기 쉽다. 책을 읽었다고 바로 요약할 수 있는 건 아니다. 아이가 줄거리 요약하기를 어려워한다면 우선은 그림책이나 옛이야기 같은 짧은 이야기로 간추리는 법을 익히는 것부터 시작한다.

6

시작, 중간,

끝으로

줄거리 쉽게 쓰기

초등 3~4학년 어린이에게 기승전결의 4단 구성이나 발단-전개-위기-절정-결말 같은 5단 구성은 어렵다. 4단이나 5단 구성은 상급 학교에 가서 배우면 된다. 우선 3단 구성으로 이야기의 구조를 설명하는 편이 낫다. 이 방법으로 이야기가 일정한 구조를 지닌다는 사실을 알아차리면 된다. 3단 구성이란 한마디로 세상의 모든 이야기가 시작과 중간과 끝이 있다는 말이다. 2천 년 전 아리스토텔레스가 한 말이다. 아무리 복잡하게 얽히고설킨 작품이라도 구조를 들여다보면 결국은 이렇게 나눌 수 있다.

막연하게 "줄거리를 말해봐라"라고 주문하지 말고 이야기에서 시작과 중간과 끝이 무엇인지를 생각하도록 돕는다. 여기가 어딘지도 모른 채 망망대해를 헤매는 것과 이야기의 시작-중간-끝을 생각하며 줄거리를 말하는 것은 다른 일이다. 당연히 짧고 체계적으로 이야기를 요약할 수 있다.

글의 구조를 파악하는 질문을 던지기

윌리엄 스타이그의 《당나귀 실베스터와 요술 조약돌》(다산기획) 같은 책은 짧고 구조가 명확해 3단 구성을 파악하는 연습을 하기에 맞춤하다. 윌리엄 스타이그는 '변신-위험-귀환'이라는 패턴을 지닌 작품을 여러 편 썼다. 《당나귀 실베스터와 요술 조약돌》의 줄거리를 말해보고 《하늘을 나는 마법약》(비룡소)이나 《녹슨 못이 된 솔로몬》(비룡소)처럼 비슷한 구조를 지닌 책을 읽고 줄거리를 말하는 연습을 해본다. 줄거리 말하기가 익숙하지 않다면 먼저 교사나 부모가 시작과 중간과 끝에 해당하는 질문을 해주는 것이 좋다.

시작이란 이야기를 설정하는 단계이다. 먼저 어린이에게 이야기가 어떻게 시작되었는지를 묻는다. 배경과 주인공이 누구인지, 사건이 일어나는 계기가 무엇이었는지를 묻고 말하면 된다. 《당나귀 실베스터와 요술 조약돌》에서는 실베스터가 요술 조약돌을 줍는

3단 구조		글의 구조를 파악하는 질문	줄거리 요약
시작		실베스터에게 어떤 일이 일어났어?	실베스터가 딸기 언덕에서 요술 조약돌을 주웠다.
중간	(장애물 1)	실베스터는 요술 조약돌을 줍고 나서 어떻게 됐어?	집에 가는 길에 사자를 만났다. 겁이 나서 바위가 되고 싶다는 소원을 빌었다.
	(장애물 2)	실베스터가 집에 돌아오지 않자 엄마 아빠는 어떻게 했어?	실베스터가 집에 오지 않자 부모는 온 마을 찾았지만 헛수고였다.
끝		그럼 실베스터는 영원히 바위로 살아야 하는 거야?	다음 해 봄, 엄마 아빠가 딸기 언덕에 갔다가 요술 조약돌을 주워 바위에 올려두었다. 실베스터는 소원을 빌어 당나귀로 돌아왔고 가족이 다시 만났다.

일이 시작이다. 이어 실베스터가 요술 조약돌이 진짜인지 가짜인지를 시험해보는 장면이 있다. 이런 에피소드는 아이가 재미있어 하고 이야기를 풍성하게 만들어주지만, 요약할 때는 제외해야 한다. 말하자면 뼈대에 붙은 살점이다.

중간이란 허들 경기처럼 장애물을 만나는 단계다. 위험은 한 번만 오지 않는다. 보통 두 차례 정도 거듭해서 생기고, 그때마다 주인공은 더 심각한 위기에 빠진다. 《당나귀 실베스터와 요술 조약돌》에서는 실베스터가 바위로 변한 게 첫 위기이고, 부모가 온 마을을 찾았지만 실패한 것이 두 번째 위기다. 마지막으로 이야기가 어떻게 끝이 났는지를 묻는다. 주인공은 아무 희망이 없어 보이지만 마지막에 이르면 문제는 해결되고 이야기는 일단락된다. 실베스터의 부모가 찾아와 요술이 풀리고 가족이 다시 만난 장면이다.

3단	시작	중간		끝	
5단	발단	전개	위기	절정	결말
	인물과 배경을 소개하고 문제의 실마리가 등장하고	문제가 생기고	문제가 더 복잡해지고	폭발하고	해결된다
	평범한 세계의 질서가 그려지고	고통과 어려움이라는 무질서를 겪고		질서를 회복하고 깨달음을 얻는다	

이렇게 시작-중간-끝에 맞추어 질문을 하는 사이 이야기의 핵심만 간추리는 법을 배울 수 있다. 참고 삼아 말하자면 3단 구성은 결국 5단 구성과 같은 구조다. 중요한 것은 3단 구성이냐, 5단 구성이냐가 아니다. 이야기라는 구조를 이해하는 것이다.

이야기 구조를 익히기 좋은 책

어린이가 책을 읽고 줄거리를 잘 말하지 못한다면 당연히 쉬운 책을 골라 연습하게 한다. 이때 앞서 말한 윌리엄 스타이그의 책이나 옛이야기처럼 구조가 선명한 책을 고르면 좋다.

'나니아 나라 이야기' 그리고 '해리 포터' 시리즈와 더불어 영어권 어린이들에게 3대 판타지로 불리는 책이 있다. '프리데인 연대기'다. 국내에서는 별다른 인기를 얻지 못했지만 전 5권으로 이뤄진 이 작품은 두 번이나 칼데콧상을 받았다. 다섯 권이라고 하지만

'프리데인 연대기' 자체도 전형적인 영웅의 서사라 시작-중간-끝으로 줄거리를 정리하기 좋은 책이다. 시리즈를 읽기 전에 앞선 이야기를 담은 《위대한 마법사 달벤》으로 연습을 해봐도 좋다. 등장인물의 숨겨진 이야기를 들려주지만 충분히 독립적이다. 이 중에 위대한 마법사 달벤의 어린 시절을 담은 〈주운 아이〉는 물론이고 다른 단편도 모두 옛이야기처럼 뚜렷한 구조를 보인다.

옛이야기에 관심이 많은 임정자 작가의 《내 동생 싸게 팔아요》(아이세움)도 옛이야기 같은 반복과 순환 구조를 지니고 있어 요약하기 훈련에 적합하다. 이렇게 구성이 명확한 이야기는 읽고 나서 비슷한 이야기를 지어볼 수 있다. 이야기를 따라 짓는다는 것은 아이가 이야기의 구조를 몸에 익혔다는 뜻이다.

《내 동생 싸게 팔아요》를 읽고 한 어린이가 '내 아빠 싸게 팔아요'라는 패러디 작품을 썼다. 어린이는 매일 잠만 자는 아빠를 시장에 팔러 갔는데, 후줄근한 옷을 입은 대머리 아빠는 팔리지 않았다. 집으로 돌아와 아빠가 김치찌개를 끓였는데 너무 맛있어서 다시는 아빠를 팔지 않기로 결심하는 내용이다. 모 신문사 기자였던 아빠는 부끄럽지도 않은지 내게 이 글을 쓴 딸 자랑을 했다. 이야기 구조가 명확한 책을 읽고 나면 이처럼 구조를 활용해 패러디 이야기를 만들 수 있다.

위기철의 《초록고양이》는 꽃담이네 집에 초록고양이가 함께 살며 일어난 에피소드를 연작 형식으로 담았다. 2~300쪽짜리 동화

책이 어렵다면 단편이나 연작 중 한 편을 골라 요약 연습을 한다. 표제작인 〈초록고양이〉는 한 편의 이야기 안에 두 개의 비슷한 이야기가 들어 있다. 두 이야기는 거의 유사하게 전개되지만 결론을 살짝 비틀었다. 거울처럼 마주 보는 구성이다.

　주인공은 꽃담이와 초록고양이 그리고 엄마다. 초록고양이가 꽃담이 엄마를 숨기고는 꽃담이에게 항아리 여러 개를 보여준다. 이 중에서 엄마가 있는 항아리를 한 번에 찾으라고 한다. 만약 찾지 못하면 엄마를 돌려주지 않는다고 겁을 준다. 〈초록고양이〉는 흥미롭게도 똑같은 구성이 반복되는데 다음에는 꽃담이가 사라져 엄마가 찾아야 한다. 이야기는 반복되지만 전체 이야기의 마지막에는 반전이 기다린다. 스포일러가 될까 봐 여기서는 말하지 않겠지만 마지막 결론에 대해서 이야기를 나누어본다. 함께 읽고 들어주고 이야기하면서 글의 구조를 익히는 것이 가장 바람직한 방법이다.

7

등장인물
관계도를
그리자

3~4학년이 되면 어린이는 장편을 읽을 수 있다. 장편을 읽는다는 것은 어린이가 이야기의 각별한 재미와 만나기 시작했다는 뜻이다. 장편을 흥미롭게 읽어본 아이들은 책이 두꺼울수록 이야기가 훨씬 더 재미있다는 사실을 스스로 깨닫는다. 다음부터 두꺼운 책을 두려워하지 않는다. 당연한 사실이다. 장편은 등장인물도 많고 사건도 훨씬 더 복잡하며 주인공이 만나는 장애물도 좀처럼 해결될 수 없을 것처럼 절망적이어서 손에 땀이 나도록 아슬아슬하다. 단편을 읽을 때와는 비교할 수 없을 만큼 작품에 몰입하게

쓰면서 자라는 아이들

된다. 읽기에 흥미를 느끼지 못하는 고학년일수록 이야기성이 강한 책을 읽어내는 경험이 필요하다.

장편 동화를 읽을 때 핵심 중 하나가 등장인물이다. 특히 주인공의 처음 모습과 마지막 모습을 비교해보고 어떻게 달라졌는지를 알아채는 것이 작품을 깊이 이해하는 키워드다. 이야기란 주인공이 심각한 장애물을 만나 고생을 하다 해결해나가는 동안 처음과 다른 변화를 겪는 과정을 그리기 때문이다. 주인공의 변화는 곧 작가가 하고 싶은 말과 직접적으로 연결된다. 이 점을 명확하게 인식한다면 독후감을 쓸 때도 작품의 주제 의식과 핵심을 놓치지 않을 뿐 아니라 자연스럽게 나의 감상과도 연결된다.

등장인물, 작품을 이해하는 키워드

그런데 문제가 있다. 동화에는 주인공 말고도 여러 인물이 나온다. 주인공에게 호의적인 사람도 있고, 악의적인 말을 일삼는 사람도 나온다. 경쟁 관계에 놓인 인물도 있다. 이런 인물들이 모두 주인공에게 크고 작은 영향을 미친다. 이 관계를 잘 파악하는 것이 주인공의 변화를 알아차리는 데 도움이 된다.

등장인물의 관계를 파악하기 위해서는 동화에 등장하는 인물을 메모하면서 읽어야 한다. 성인이지만 나 역시 소설을 읽을 때 특히 일본이나 러시아 소설처럼 낯선 이름이 등장하는 작품을 읽을 때는 항상 인물을 메모하며 읽는다. 소설 속 등장인물은 누구와 대화하느냐에 따라 이름으로 불리기도 하고 성으로 불리기도 한다. "은지야" 하고 부를 때와 "김 선생" 하고 부를 때 주인공이 놓인 상황이 다르다. 이름을 기억하는 것뿐 아니라 상황을 헤아리기 위해서도 성과 이름 혹은 성격이나 배경 등을 메모한다. 읽다가 '이 사람이 누구였더라?' 싶을 때마다 확인한다. 간단하게 면지에 메모를할 때도 있고 서평을 써야 한다면 노트에 본격적으로 인물에 대한메모를 하고 관계를 표시한다.

어린이가 장편을 읽을 때도 등장인물을 메모하며 읽는 훈련을해야 한다. 정색하고 가르치려 들지 말고 놀이 삼아 마인드맵을 그리거나 범죄 영화의 프로파일을 흉내 내 인물의 정보를 모아보듯해도 좋다. 마인드맵이든 프로파일링이든 등장인물의 관계를 표시하면 그냥 눈으로 읽고 넘길 때와는 다르게 작품을 깊이 이해할수 있다. 작가가 등장시킨 인물들은 각기 맡은 역할이 있고 상징하는 바가 있기 때문이다.

은소홀의 《5번 레인》은 엘리트 수영 선수 강나루가 수영의 의미를 깨달아가는 과정을 담은 동화다. 주인공 강나루는 시합에서 라이벌 김초희에게 자꾸 패하자 엉뚱한 일을 저지른다. 이 실수를 통해 우승도 중요하지만 그보다 '나를 위해 수영한다'는 사실이 소중하다는 걸 깨닫는다. 작가는 이 주제를 부각하기 위해 의도적으로 여러 인물을 강나루 주변에 배치했다. A4 용지든 독서 노트든 등장인물들을 적고 강나루와 무엇이 다르고 무엇이 같은지를 써본다.

동화 속에 중요한 세 사람이 있다. 먼저 강나루의 롤 모델이었던 친언니 버들이다. 나루는 언니가 수영하는 걸 보고 따라 시작했다. 하지만 버들은 중학생이 되자 키가 자라지 않고 기록도 제자리다. 한마디로 수영 선수로서 가망이 없어지자 다이빙으로 종목을 바꾼다. 나루는 이런 언니가 마음에 들지 않는다. 도망쳤다고 생각한다.

다음으로 태양이가 있다. 수영을 좋아하던 태양이는 뒤늦게 엘리트 수영반에 합류한다. 초등학교 고학년에 엘리트 수영을 시작한다는 건 무모한 일이다. 태양이는 수영 선수로 일등을 하려는 게 아니라 더 늦기 전에 좋아하는 수영을 제대로 해보고 싶어 할 뿐이다. 과학을 좋아하는 태양이는 자신이 훗날 수영 선수이자 과학자가 되었으면 하고 바란다.

라이벌 김초희는 주인공 나루를 앞지르고 일등을 해서 나루에게 열패감을 안기는 인물이다. 보통 어린이문학에는 선과 악이 뚜렷하게 구별된다. 반면 성인 문학으로 갈수록 착하다, 나쁘다라고 한마디로 말할 수 없는 복잡한 캐릭터가 등장한다. 이 작품에서도 처음에는 나루의 라이벌인 김초희가 달갑지 않지만 이야기가 전개될수록 적대적 인물만은 아니라는 걸 깨달을 수 있다. 이 밖에 등장하는 보조적인 인물들을 모두 표시해본다.

결국 작가는 수영이라는 한정된 세계 안에서 나루가 관계 맺는

다양한 인물을 통해 삶의 방식을 말하고 있다. 누구나 지금 하는 일을 잘하면 좋겠지만 버들이처럼 다른 길을 택할 수도 있다. 태양이처럼 최고가 될 수 없어도 좋아서 할 수 있다. 일등에 집착하면 이등부터는 수영을 해야 할 이유가 없다. 작가는 태양이나 버들 언니를 통해 이런 말을 대신 전하고 있다.

작가의 의도를 파악하는 열쇠

전국 초등학교에서 '한 학기 한 권 읽기' 필독서로 자리매김한 이현의 《푸른 사자 와니니》(이현 글, 오윤화 그림, 전 3권, 창비)가 있다. 동화는 작고 약한 어린 암사자 와니니가 제 삶의 주인이 되는 과정을 파노라마처럼 보여준다. 1권에서 와니니는 떠돌이 숫사자를 살려준 벌로 무리에서 쫓겨나 자신의 길을 개척해야 하는 고된 운명에 놓인다. 《푸른 사자 와니니》역시 등장인물을 통해 많은 이야기를 하는 동화다.

와니니 주변의 캐릭터로 우선 마디바 할머니가 있다. 어린 와니니는 용맹한 마디바 할머니를 동경했다. 하지만 마디바 할머니가 상처입은 말라카이를 쫓아냈다는 사실을 알게 된 후 마음을 거둔다. 또 무리에서 쫓겨난 뒤 초원에서 만난 떠돌이 숫사자 아산테와 잠보도 있다. 늙은 숫사자 아산테는 다리를 절고, 잠보는 어리다.

한마디로 별 볼 일 없는 캐릭터다.

동화를 읽으며 와니니의 마음이 어떻게 변하는지를 살펴보면 놀랍다. 특히 마디바 할머니와 숫사자 아산테에 대한 감정이 극적으로 변한다. 이것이 결국 작가가 하고자 하는 이야기다. 마디바 할머니는 용맹하지만 냉정하다. 반면 아산테는 다리를 저는 떠돌이 숫사자로 보잘것없는 존재다. 와니니는 처음에는 마디바 할머니처럼 되고 싶어 했다. 그러나 마지막에 이르러 아산테가 싸움에 나서 무리를 도우며 명예롭게 죽는 모습을 지켜보며 존경의 대상이 바뀐다. "아산테의 눈동자가 황금빛으로 빛났다. 그것은 왕의 눈이었다. 영토도 없고 우두머리도 아니지만 아산테는 왕이었다. 아산테는 스스로의 왕이었다." 별 볼 일 없는 아산테조차 스스로의 왕이듯, 와니니 역시 그 누구와 비교되지 않는 스스로의 왕이다. 와니니가 아산테를 보며 이 사실을 깨닫는 장면은 작품의 주제 의식과 연결된다. 이처럼 등장인물 간의 관계도를 따라가면 주인공의 변화 혹은 작가의 의도를 파악할 수 있다.《푸른 사자 와니니》를 읽고 5학년 어린이가 쓴 독후감이다. 작가의 의도를 정확히 파악하고 있다.

한 살배기 어린 사자 와니니는 다른 암사자에 비해 몸집도 작고 사냥 실력도 뛰어나지 못해서 무리에서 괴롭힘을 당하고 쫓겨나버렸다. 떠돌이가 되어 살아갈 희망을 잃지만 무리에 있던 시절 자신이 하찮게 여겼던 것들에게 도움을 받으며 간신히 살아남는다. 와니니는 풀과 나무를 씹으면서 배고픔을 이겨내고 얕잡아보던 숫사자 두 마리, 절름발이 숫사자 아산테와 어린 아기 숫사자와 친구가 된다. 친구들과 함께 고난과 역경을 이겨낸 와니니의 멋진 이야기가 있는 책이다.

"세상에 쓸모없는 건 없어" 와니니를 보면서 얼마 전에 본 영화 〈라이언 킹〉이 생각났다. 도망치고 쫓겨나는 모습이 와니니와 닮았고 다른 동물 친구를 만나는 점도 비슷하다. 하지만 심바는 다시 돌아가서 왕이 되었지만 와니니는 다르다. 자유로운 영혼의 와니니가 멋지고 나도 와니니처럼 자유롭게 살고 싶다.

와니니는 와니니로 소중하다는 사실, 세상에 하찮은 건 없다는 사실을 잘 이해하고 있다. 무엇보다 《푸른 사자 와니니》의 주인공과 영화 〈라이언 킹〉의 주인공을 비교하며 무엇이 같고 무엇이 다른지까지 살피고 생각한 점은 놀랍다. 어린이들은 이렇게 한 권의 책을 읽어내며 성장한다.

8

지식 책
요약하는
법

어린이들이 읽어야 하는 지식 책의 범주는 넓다. 문학을 제외한 나머지 영역이 모두 지식 책에 속한다. 초등 3학년부터 배우는 사회 교과목에는 지리, 역사, 정치, 경제, 법 영역이 모두 포함된다. 과학 역시 생물부터 우주까지 넓은 범주의 지식을 다 담고 있다.

초등 3학년이 되면 교과목이 어려워진다고 하는 이유는 사회나 과학에서 이처럼 본격적인 지식을 배우기 때문이다. 물론 다짜고짜 광의의 지식을 가르치지 않는다. 가령 사회 과목에서 '지도'를 배울 때 지도에서 쓰는 기호나 축척을 배우기 전에 어린이들은 마을 지도부터 그린다. 막상 해보면 우리 마을은 종이 한 장에 담아내기에는 생각보다 넓고, 경찰서나 은행 등 공공기간을 있는 그대로 그리기도 어렵다. 그렇다면 마을을 작게 축소하고, 우체국 등 공공기관을 기호로 표시하면 된다. 이렇게 축척과 기호가 필요한 이유를 이해하면 추상적 지식이 덜 어려워진다.

동화보다 지식 책 요약이 쉬운 이유

교과서의 설명만으로는 아쉬울 때, 좀 더 자세히 설명하고 풀어낸 지식 책을 곁들여 읽을 필요가 있다. 필독서 목록에는 동화뿐 아니라 해당 학년의 교과와 관련된 지식 책이 포함되어 있기 마련이다. 대개 어린이 지식 책은 교과에서 배우는 내용을 크게 벗어나지 않는다.

지식 책의 서술 방식은 크게 두 가지다. 동화 혹은 이야기 속에 지식을 녹여내거나 사례를 중심으로 설명하는 방식이다. 이야기로 들려주든 체계적으로 정리해 설명하든 중요한 것은 책에 담긴 지식과 주장이다. 지식 책은 글쓴이가 말하고자 하는 바가 분명한 책들이다. 책의 제목과 차례에서 이미 무엇을 말하고 싶은지가 잘 드러난다. 한 편의 글은 중심 주장과 설명으로 짜여져 있다. 다시 말

쓰면서 자라는 아이들

해 지식 책은 개념어와 설명하는 내용이 낯설지 모르지만 읽고 나서 요약하는 일은 어렵지 않다. 한 편의 글에 담긴 구조가 간단하고 전달하고자 하는 요지가 명확하기 때문이다. 초등 3~4학년이라면 우선 책을 읽고 새롭게 알게 된 사실이 무엇인지만 정리하면 된다. 영어 원서를 처음 읽을 때 문학 말고 자기계발서를 읽으라는 조언을 들은 적이 있다. 논픽션 분야의 책은 어려워 보이지만 알고 보면 문장이 단순해 읽기 쉽다. 마찬가지 이치다.

성인이 지식 책을 읽고 리뷰를 쓸 때도 어린이가 지식 책을 읽고 독후감을 쓸 때와 다르지 않다. 다만 읽어야 하는 책의 난이도가 다를 뿐이다. 러셀 프리드먼이 지은《대통령이 된 통나무집 소년 링컨》(비룡소)이라는 책이 있다. 링컨 대통령 이야기인데 성인이 읽고 글을 썼다.

① 평범한 사람이 어떻게 '위대한' 인간으로 성장하는지를 보여주는 역사 속 인물이 있다. 예컨대 링컨이 그렇다. 우리는 그를 노예제를 폐지한 미국 대통령으로 알고 있다. 하지만 링컨은 처음부터 위대했던 게 아니다. 그는 삶을 거치며 성장했고 마침내 위대해졌다. 그의 말처럼 '천천히 걸을지언정 결코 뒤로 걷지는' 않았다.

② 세 차례나 뉴베리상을 수상한 러셀 프리드먼이 쓴《대통령이 된 통나무집 소년 링컨》은 바로 이 점에 주목한다. '정직한 에이브'의 전설과 통나무 오두막집에서 자라 백악관에 입성한 소년의 신화를 넘어 링컨

이 어떻게 성장했는지를 객관적으로 담아내고 있다.

③ 링컨은 가난한 집에서 태어났지만 역사에 이름을 남기는 사람이 되고 싶었다. 학교를 다니지 못했지만 책 읽기를 게을리하지 않았다. 어머니와 누이의 죽음을 겪은 후 침울한 사람이 되었지만, 연설할 때만은 활기가 넘쳤다. 하지만 정치에 입문한 이후 30여 년 가까이 링컨은 정치가로서 이렇다 할 주목을 받지 못했다. 공화당 대통령 후보 경선에 나설 때 그의 전략은 여러 정치 세력들이 가장 무난하게 받아들일 만한 후보감으로 보이는 것이었다.

④ 노예제도 폐지에 관한 생각도 차츰 변화했다. 처음 링컨은 남북전쟁을 하나의 미국을 지키기 위한 일로 여겼다. 미국 남부의 정치인들이 노예제도를 인정하는 나라를 세우겠다며 남부연합을 탄생시켰기 때문이다. 이를 막으려고 했을 뿐이지 노예제도 폐지를 일차 목표로 삼지 않았다. 전쟁이 길어지며 생각은 진전했고, 노예해방 선언과 미국에서 노예제도를 완전히 금지한다는 내용의 수정 헌법 제13조를 통과시켰다.

⑤ 남북전쟁 중이던 1863년, 숨진 병사를 위한 게티즈버그 국립묘지 개관식이 열렸다. 그 자리에서 링컨은 '남북전쟁은 민주주의의 이념을 가진 정부가 과연 이 땅에 버텨낼 수 있는지 알아보는 시험대'라는 내용의 게티즈버그 연설을 했다. 링컨은 "국민의, 국민에 의한, 국민을 위한 정부는 이 땅에서 결코 사라지지 않는다는 것을 보여줘야 한다"고 말했다. 안타깝게도 백 년 전 링컨이 했던 말을 우리는 근현대사에

한 번도 경험하지 못했다. 또한 링컨만큼 자신을 변화시키며 존경할 만한 인물이 된 어른을 아직도 갖지 못했다.

①은 한마디로 책을 읽고 머리에 떠오른 생각이다. ②는 지은이와 내용에 대한 간략한 언급이다. ③과 ④는 저자가 말한 내용 중 가장 중요한 대목을 요약한 것이다. ⑤는 결론이다. 어린이가 지식 책을 읽고 독후감에 담아야 할 내용도 이와 같다.

초록 독서법

지식 책을 읽을 때 가장 중요한 점은 아는 것과 모르는 것을 구분하는 일이다. 일종의 자기 성찰 능력을 의미하는 '메타인지'가 지식 책 읽기에서 중요하다. 새롭게 알게 된 것을 표시해두어야 할 때 가장 좋은 방법은 밑줄 치기다. 중고등학교 수업 시간에 선생님들이 언제나 중요한 내용이 나오면 별표를 하라는 등, 물결무늬나 빨간색으로 밑줄을 치라는 등 중요도나 난이도를 구분해 공부하는 법을 일러준 기억이 있을 것이다. 바로 그 방법을 읽기에 활용하면 된다.

중요하다고 생각되는 곳에는 별표를, 무슨 내용인지 모를 때는 물음표를, 기억해야 할 내용에는 물결무늬로 밑줄을 친다. 지식 책을 읽을 때는 눈으로만 읽지 말고 밑줄을 치거나 색연필을 사용하며 지저분하게 읽어야 한다. 그래야 잘 읽은 것이고 나중에 새롭게 알게 된 내용을 쉽게 파악할 수 있고 독후감 쓰기도 용이하다.

간혹 책을 깨끗하게 읽는 걸 좋아하는 이들이 있다. 이런 사람들은 포스트잇을 사용하면 된다. 포스트잇에 중요, 모름, 혹은 핵심 단어 등을 메모해서 붙여둔다. 포스트잇을 붙이는 위치로 아는 것과 모르는 것을 구분할 수도 있다. 사회학자 노명우 선생은 포스트잇을 가로와 세로 방향 두 가지로 붙이는데 '세로 방향은 책의 내용적 참조를 위한 기억 장치'로 '가로 방향은 나중에 글을 쓸 때 인용할 필요가 있겠다고 판단되는 부분을 표시'하는 용도로 사용한다고 한다. 포스트잇이 없다면 나만의 색인을 만들어본다. 메모지나 공책에 페이지를 적고 중요한 내용을 따로 메모하는 방식이다.

《바이러스 과학 수업》(수잔 섀들리히 글, 카타리나 J. 하이네스 그림, 전은경 옮김, 비룡소)은 세균과 바이러스가 무엇인지를 설명하고 이에 맞서 싸우는 백신의 역할과 코로나19에 대해 설명한다. 어려운 책이라면 한 챕터만 요약해도 무방하다. '백신' 챕터에서 새로 알게 된 것들을 정리해보았다.

페니실린: 푸른곰팡이에서 찾아낸 세균과 싸우는 물질. 알렉산더 플레밍이 발견.

항생제: 세균에 맞서 싸우는 약물. 세균이 항생제를 이기는 걸 내성이 생

쓰면서 자라는 아이들____

겼다고 한다.

에드워드 제너: 최초로 천연두 예방접종을 한 사람.

백신: 약하거나 죽은 병원체를 몸에 넣는 주사약.

예방접종: 백신 주사를 맞아 면역계가 약한 병원체를 공격으로 생각하고 싸워서 기억 세포를 만드는 방법. 진짜 병원체가 나타나도 기억세포가 알아보고 항체를 만들어 병에 걸리지 않음.

루이 파스퇴르: 백신 공장을 처음 만든 화학자.

조상들의 독서법 중에 필요한 부분을 뽑아 적으며 읽는 초록抄錄이 있다. 요즘도 철학, 역사, 경제, 과학 등 방대한 지식을 담은 교양 서적을 읽을 때 챕터별로 요약을 하며 읽는데 이것이 초록이다.

말하자면 아이들도 지식 책을 읽을 때 초록을 하면 된다. 처음부터 요약하며 읽으면 시간이 걸리고 힘이 드니 어린이들은 가장 중요한 챕터만 요약하거나 혹은 밑줄을 그으며 읽고 그중에서 몇 가지를 골라 적는 방법을 쓴다.

독후감 쓰기는 ⑨

결코 만만한 일이
아니다

고학년이 되면 숙제가 많아지고 시간이 부족하다. 지금껏 어린이가 독서록을 잘 써온 경우라도 계속해야 할지 고민이 된다. 4학년 자녀를 둔 부모에게 이 질문을 받고 힘주어 말했다. "독서록 쓰기는 이제 진짜 시작이에요! 글다운 글을 쓸 수 있는 준비가 됐는데 절대 그만두면 안 돼요. 힘들어하면 횟수를 줄여주세요."

3~4학년 무렵까지 꾸준히 읽어온 아이들은 읽는 힘이 붙는다. 잘 읽는 아이들은 성인들이 읽는 대중소설도 소화할 수 있다. 수준 높은 책을 읽을 준비가 된 것이다. 운동에 비유하면 이해가 빠르다.

무거운 바벨을 들고 웨이트트레이닝을 하려면 먼저 스트레칭을 해야 한다. 무작정 힘을 쓰면 관절에 무리가 가서 다칠 수 있다. 몸을 풀어줘야 무게를 견딘다. 뿐만 아니라 꾸준히 운동을 해서 체력을 만들어줘야 무게를 견딜 수 있다. 저학년의 읽기와 쓰기는 일테면 준비운동이다. 모든 독자는 어느 날 갑자기 수준 높은 문학작품과 교양서를 읽고 글을 쓸 수 없다. 어른이고 아이고 모두 다져놓은 밑바탕이 있어야 다음 단계로 나아갈 수 있다.

하지만 부모들은 자녀가 4학년이 되면 황선미의 《마당을 나온 암탉》을 읽고, 중학생이 되면 조지 오웰의 《동물농장》을 당연히 읽을 수 있으려니 생각한다. 수영 초보자라면 아무리 어른이라도 갑자기 접영을 할 수 없듯 읽고 쓰기도 마찬가지다. 글을 써본 적이 없으면 대학생이라도 초등 4학년이 쓴 것과 다를 게 없는 글을 쓴다.

반복해서 읽기의 중요성

독서가들이 약속이나 한 듯 강조하는 읽기 방법이 있다. 세 번 읽기다. 신영복 선생은 이를 '서삼독書三讀'이라고 했다. 무릇 책은 세 번 읽어야 한다는 말이다. "텍스트를 먼저 읽고, 그다음에 그 텍스트를 쓴 필자를 읽고, 최종적으로는 독자 자신을 읽어야" 한다고 했다. 이 말은 특히 고전을 읽을 때 유의미하다. 지금으로부터 몇백 년 전에 쓰인 책을 읽는다면, 저자가 그 책을 쓴 시대 상황과 저자의 위치를 알아야 한다. 모든 책은 시대라는 조건성 아래 쓰이는 법이다. 시간이 흐른 지금 현재의 독자가 그 책을 읽으려면 이를 인식해야 한다.

인문학자 김경집 역시 고전을 읽을 때 한 번만 읽지 말라고 말한다. 처음부터 고전을 정독한다고 생각하지 말고 차라리 처음에는 대략적으로 빠르게 읽어 내용 파악을 한다. 두 번째 읽을 때 "천천히 읽으면서 각각의 단락이 어떻게 전체 맥락으로 귀결되는지 본다. 더불어 질문을 한다"라는 방법론을 제시한다.

옛사람의 독서법 중에 '우작경탄牛嚼鯨呑'이 있다.※ 소는 되새김질하고 고래는 한입에 삼킨다는 뜻이다. 소가 되새김질하듯 처음에는 전체 얼개를 파악하며 읽고 이어 거듭 읽으며 내용을 차근차근 음미하는 방법이 우작의 독서법이다. 반대로 경탄의 독서법은 고래가 큰 입을 벌려 바닷물과 물고기 등 온갖 것을 통째로 삼킨 후에 이빨 사이로 물은 빠져나가고, 물고기는 뱃속으로 들어가는 모습을 비유한다. 관심 가는 대로 여러 분야를 마구잡이로 읽어나가는 독서법이다.

세 번 읽기나 '우작'은 깊이 읽기와 정독에 해당한다. 그렇다고 고

●　　　정민, 《일침》, 김영사(2012)

래처럼 읽는 '경탄' 독서법이 그릇된 건 아니다. 독자는 때에 따라 책에 따라 상황에 따라 읽는 방식을 선택하며 누구나 우작과 경탄을 혼용한다. 대개 어린 시절에는 고래처럼 읽다가 차츰 소처럼 읽는다. 읽는 방법에 대해 길게 이야기한 것은 독후감을 잘 쓰려면 깊이 읽어야 하기 때문이다. 한데 흔히 처음 읽을 때부터 천천히 필사하며 읽어야 정독이라 여기기 쉽다. 어린이가 정독을 훈련하는 가장 좋은 방법은 '같은 책을 반복해서 읽기'다.

동화를 읽을 때 결론을 알고 한 번 더 읽으면 처음에 보지 못한 것들을 만나게 된다. 같은 작가의 다른 작품을 연달아 읽으면 작품 세계의 공통점도 눈치챌 수 있다. 한 권의 책을 반복해서 읽고, 같은 작가의 작품들을 연달아 읽는 방법이 모두 깊이 읽기다. 여러 번 읽어 알게 된 것이 많아지면 쓰고 싶은 말도 많아진다.

저학년 때까지 어린이는 정말 좋아하는 책은 여러 번 읽는다. 이때 읽는 책은 흥미와 재미가 기준이다. 3~4학년 정도가 되면 의미가 깊은 책을 시간을 두고 반복해서 읽어본다. 예를 들어 권정생의 《몽실 언니》 같은 책을 시간을 두고 여러 번 읽어본다. 이 책은 요사이 어린이의 독서력을 테스트하는 리트머스가 된 느낌이다. "《몽실 언니》를 못 읽겠다고 해서 놀랐어요", "언니는 《몽실 언니》를 읽었는데 둘째는 죽어도 싫대요" 하는 식으로 《몽실 언니》를 읽기 능력의 기준으로 삼는 부모들이 있다. 하지만 요즘의 어린이는 70여 년 전 한국전쟁을 배경으로 삼은 동화를 읽어내지 못할 수 있다.

만약 《몽실 언니》를 이해하지 못한다면 일단 책을 덮는다. 그리고 6개월이나 1년 뒤에 아이가 한 번 더 읽도록 도와준다. 아마 전보다 읽을 만할 것이다. 다시 비슷한 시간을 묵혔다가 읽어보게 한다. 한 권의 책을 시간 간격을 두고 여러 번 읽으면 어린이 스스로 놀라운 경험을 한다. 분명 4학년에 읽을 수 없던 책이 5학년이 되니 읽을 만해지는 기적이 일어난다. 어린이의 시간은 이만큼 놀랍다. 또 처음 읽었을 때 살피지 못했던 세세한 내용이 눈에 들어온다. 한 권의 책을 여러 번 읽으며 어린이는 자신이 얼마나 성장했는지를 확인하고, 왜 잘 읽는 게 중요한지 알 수 있다. 이런 책으로 독후감을 써본다. 잘 읽고 책과 관련된 경험이 풍부해지면 쓰고 싶은 이야기가 많아진다.

잘 읽어야 잘 쓴다

처음 책을 읽을 때는 누구나 우선 스토리를 따라간다. 다시 읽으면 등장인물이 한 사람 한 사람 보이고, 복선과 세부 구조가 읽힌다. 흔히 어린이가 한 번만 읽고도 세부 내용까지 다 알 거라고 생각하지만, 그렇지 못한 경우도 많다. 페이지가 두꺼워지고 내용이 복잡하다면 다시 읽어야 세부까지 살필 수 있다. 또 이야기가 흥미진진한 책은 결론이 어떻게 될지 궁금해 빨리 읽으려는 마음이 앞서 세부가 눈에 안 들어온다. 추리물을 읽을 때 범인이 누군지도 중요하지만 범인이 어쩌다 범행을 저질렀는지 그 이유와 과정을 함께 겪어내야 한다. 그러려면 작품 행간에 숨어 있는 범인의 감정과 그럴 수밖에 없는 사정을 이해해야 한다.

특히 고학년 동화는 주인공의 성격이나 다른 인물과의 관계 등이 직접 언급되지 않는 대신 설명이나 심리 묘사를 통해 그려진다. 초보 독자일수록 긴박한 사건이 중심이 되는 책은 읽지만 묘사와 설명이 많은 책은 어려워한다. 이런 책일수록 반복 읽기가 필요하다.

한국계 미국인 린다 수 박이 쓴 《초원의 연꽃》(다산기획)은 동양인 혼혈 소녀 한나가 19세기 미국의 작은 마을에서 유색인종이라는 이유로 차별받는 상황을 그린 작품이다. 작가는 여러 인물의 모습과 한나의 심리를 촘촘하게 짜 넣었다. 이 작품을 즐기는 법은 등장인물의 이중적인 모습과 한나의 심리 묘사를 따라가며 읽는 것이다.

한나는 학교에서 친구를 사귈 때까지 동양인이라는 걸 드러내지 않으려고 검은 머리카락을 감춰줄 모자를 쓴다. 하지만 아이들이 수군거리자 하는 수 없이 모자(보닛)를 벗는다. 이때 '모자를 벗자 아이들이 야유를 퍼부었다'처럼 직설적으로 말하지 않는다. 대신 그 순간을 이렇게 묘사한다.

"보닛을 벗어 목에 걸었다. 주변의 공간이 갑자기 크게 느껴졌고 한나의 얼굴과 머리가 드러났다. (……) 마거릿은 한 걸음 물러섰다.

에디스는 그대로 머물러 있었다. 베스는 한나를 향해 돌아섰는데 그 작은 움직임이 너무나 미묘해서 한나는 자신의 상상이었는지도 모른다고 생각했다. 돌리의 입과 눈은 놀라움에 완전히 동그래졌다. 확실히 돌리는 놀란 걸 숨기려 하지도 않았다. (……) 긴장감 때문에 공기가 너무 무거워서 월터스 선생님이 입을 열었을 때 목이 잠겨 있었다."●

한나의 검은 머리가 드러나자 술렁이는 교실을 그림을 그리듯 세세하게 묘사한다. 마치 교실에 앉아 이 순간을 함께 본 것마냥 기시감이 든다. 한나의 검은 머리카락을 보고 아이들이 성격대로 반응하고 이런 디테일한 묘사 덕에 한나가 느낀 고통이 독자에게도 전해져 가슴에 돌이 얹힌 듯 묵직해진다. 하지만 텍스트에 담긴 섬세한 이야기를 읽어내지 못하면 지루하다. 읽기 훈련이 부족한 어린이들은 대개 정적인 작품을 읽어내지 못한다.

고학년이 돼야 상징과 비유 그리고 복선이 담기고 플롯이 잘 짜인 작품을 읽고 글을 쓸 수 있다. 그래서 저학년 시기를 읽기와 쓰기의 준비운동기라고 한다. 중학생 정도가 되면 깜짝 놀랄 만큼 글을 잘 쓰는 청소년을 만날 수도 있다. 쓰기에 문외한으로 지낸 성인보다 예리하게 자기주장을 담아내며 고유한 문체를 보여준다.

거칠게 표현하자면 초등 저학년까지 쓴 독서록은 모두 고학년에

●   린다 수 박, 김경미 옮김,《초원의 연꽃》, 다산기획, pp.60~61

글다운 글을 쓰기 위한 워밍업이다. 10대에 접어든 아이들은 내가 누구인지 궁금하고, 사회가 어떻게 돌아가는지 알고 싶고, 미래가 궁금하다. 그동안 읽고 쌓아온 배경지식과 문장을 쓰는 힘이 모두 독후감 쓰기에 투영된다. 읽고 쓰기는 길게 봐야 한다.

4부

한 뼘 더 자란
글쓰기를 위한 팁

1

정답이   아닌
일관성이
필요하다

삶에서와 마찬가지로 글쓰기에 정답이 있다고 생각하지 않는다. 다만 글을 쓰는 일을 직업으로 삼은 후 '미리 알았다면 좋았을걸' 하고 생각했던 원칙 몇 가지는 있다. 이런 원칙의 원리는 간단하다. 하지만 이해하는 것보다 몸에 새기는 게 중요하다. 테크닉을 배우는 것보다 글을 직접 써보며 글이 어떻게 달라지는지를 깨달아야 내 것이 된다. '창의력은 다르게 생각하기에서 나온다'라는 명제를 알아도 창의적인 사람이 될 수 없는 것과 같은 이유다. 하지만 고학년이 되면 논리적인 글을 쓰거나 깊은 인상을 남기는 글을 써야 할 일이 늘어난다. 이럴 때를 위해 원리를 설명한다.

통일성이라는 씨줄과 연관성이라는 날줄

말과 달리 글은 일관성이 필요하다. 내가 누군가에게 "재미난 이야기를 들려줄게. 한번 들어봐!" 하고 한참 말을 하는데 상대가 딴짓을 하거나 하품을 할 때가 있다. 듣는 사람의 반응이 별로면 내말이 재미없다는 뜻이니 말을 줄이거나 화제를 돌린다. 말을 할 때는 상대의 표정이나 말투, 행동도 모두 이야기다.

글은 다르다. 쓰는 사람과 읽는 사람이 눈앞에 있지 않다. 전화로 대화를 나누는 것도 아니다. 글에서 영화 이야기를 꺼내더니 갑자기 돈의 중요성을 토로하고 다시 점프해서 평등의 중요성을 강조한다고 해보자. 읽는 사람은 어리둥절하다. 영화-돈-평등 사이에 아무 연관성이 없다면 이해할 수 없는 글이 되어버린다. 그래서 글은 일관성이 있어야 한다.

처음 글을 쓰는 사람이나 어린이들이 쓰는 글에서 가장 아쉬운 점은 대개 일관성에 관한 것이다. 일관성이 없는 글은 대체로 중언부언하고 횡설수설한다. 글은 다른 사람에게 나의 감정과 생각과 의견을 전달하기 위한 것이다. 뜻이 전달되지 않는다면 글로서 제역할을 다하지 못한다. 피자에 관한 글을 쓴다면 피자의 유래, 피자가 세계인의 음식이 된 사연, 한국에 온 피자의 변신 같은 내용을 담아 세부가 주제와 연관돼야 한다. 피자 이야기를 하다가 김치나 고추장처럼 결이 다른 이야기를 하면 일관성이 깨지고 글쓴이의 의도가 모호해진다.

글쓰기 책마다 글의 통일성과 일관성을 설명하는 방식은 조금씩 다르다. 도서평론가 이권우는 "한 편의 글은 단락의 통일성을 씨줄로, 단락의 연계성을 날줄로 엮은 비단이다"라고 말한다. 주제를 설명하는 몇 개의 단락을 만들되, 단락은 전체 글의 메시지와 밀접하게 연계되어야 한다는 뜻이다.

최고의 글쓰기 강사인 백승권 역시 고등교육을 받은 사람이라면 단어와 문장 구사력이 부족해 글을 못 쓰는 게 아니라고 단언한다. 단지 글의 구성을 모를 뿐이라고 지적한다. 모든 글은 시작-중간-끝의 구조를 지녀야 하고, 시작에서는 흥미로운 방식으로 문제 제기를 하고, 중간에서는 앞에서 말한 주장에 대한 이유와 근거를 제시하고, 마무리는 문제 제기와 이어지는 저자의 메시지를 담아야 한다.

처음과 끝은 항상 통하게

글에서 왜 통일성과 일관성이 중요한지를 백 번 듣는 것보다 한 편의 글을 써보는 편이 빠르다. 한 편의 글은 무릇 하나의 이야기에 집중하고 각 단락은 이 통일성을 위해 복무해야 한다. 이렇게 쓰인 글을 읽고 나면 '아! 정말 그래! 이 사람 말이 맞아!' 하고 필자의 말에 동의하게 된다.

《원예반 소년들》(양철북)은 책과 친하지 않은 남학생들도 잘 읽어내는 작품이다. 저자인 우오즈미 나오코는 약간은 장난스럽게 식물을 좋아하게 된 남학생들의 우정을 들려준다. 나는 이 책을 '진짜 멋진 남학생이 되는 법'이라는 주제로 소개해보겠다고 마음먹었다.

A   여자들은 어떤 남자를 매력적이라고 생각할까? 힘세고 목소리 큰 남자보다 요리하는 남자, 친절한 남자가 더 사랑받는 시대다. 《원예반 소년들》을 읽으며 식물을 돌보는 남자를 여기에 추가해도 좋겠다는 생각을 했다.

B   "만나야만 했던 걸까, 아니면 순전히 우연이었을까"라는 첫 문장으로 이야기는 시작된다. 이 말은 세 친구의 만남을 의미하지만 여기에는 식물도 포함된다. 모범생 '다쓰야'는 학교의 버려진 온실을 발견하고 점심시간에 이곳에서 깜빡 잠이 들었다. 깨어나 보니 눈썹을 민 불량스러운 '오다와'가 앞에 앉아 있다.

C   둘은 얼떨결에 원예반에 들어가고 여기에 종이봉투를 쓰고 공부하는 괴짜 '박스보이 쇼지'까지 합류한다. '어쩌다 원예반'이 된 셋은 순

전히 심심풀이로 화분에 물을 주고 빈 화분에 씨를 뿌렸다. 놀랍게도 이 작은 시도만으로 죽어가던 식물이 살아났다. 호기심이 생긴 소년들은 책을 읽고 베고니아, 루피너스, 아프리카봉선화, 금송화의 이름을 알아간다.

D 시종일관 잔잔한 이 책이 흥미로운 건 '오와다'라는 캐릭터에 감정 이입할 수 있기 때문이다. 오와다는 지금껏 불량스러운 아이들과 어울렸지만 폭력배가 되고 싶지는 않다. 그렇다고 진지하게 학교를 다니자니 체면도 안 선다. 이도 저도 아닌 채로 어정쩡하던 오와다는 원예반에 들어가 친구를 만나며 변한다.

E 여름 방학이 지나자 원예반에 여학생 두 명이 찾아왔다. '흙과 씨름하는' 오와다와 쇼지가 멋있어서 동아리에 가입하고 싶다고 했다. 여기서 '흙'을 '책'으로 바꿔도 좋겠다. 힘자랑이나 하며 거들먹거리는 남자만큼 꼴불견이 없다. 책이든 식물이든, 무언가에 진지하게 임하는 모습이 제일 아름답다. 멋진 남자가 되는 비결이다.

이 리뷰는 A-B-C-D-E의 문단으로 구성되어 있다. 서두인 A에서 매력적인 남자의 조건이 바뀌었다는 말을 흘리며 슬쩍 식물 이야기를 꺼냈다. 이렇게 전제를 들었으니 이에 대한 근거가 나와야 한다. B와 C는 소년들이 얼떨결에 원예반에 들어온 연유에 해당한다. D는 싸움질이나 하며 건들거려야 남자답다고 생각하던 '오와다'라는 캐릭터의 변화를 꺼내든다. 이 작품이 남학생들이 읽으면 재미있는 이유를 말한 셈이다. E는 결론이다. A에서 매력적인 남자가 누구인가라는 질문을 던졌으니 마지막 문단인 E에서는 답을 해야 한다. 이 글은 서두인 A와 결론인 E가 서로 연결된다. 질문과 답의 구성이다. 이렇게 통일성이 만들어지면 글쓴이가 무엇을 강조하려는지가 명확해진다. 이것이 일관성의 힘이다.

2

요약 훈련을
통해 얻을 수
있는 것

오래전 《글쓰기의 힘》(한국출판마케팅연구소)이라는 무크 형식의 단행본을 기획하고 편집했던 적이 있다. 다양한 필진이 참여해 글쓰기란 무엇이고 어떻게 하는가를 풀어낸 책이다. 첫 포문을 연 필자가 김용석 선생이었다. 로마 그레고리오 대학 철학과 교수를 지냈던 선생이 글쓰기의 고통과 보람에 관해 인문학적인 글을 써주었다. 그 무렵 김용석 선생은 국내 대학 교양학부에서 글쓰기 강의를 하고 있었다. 선생이 학생들에게 강조하는 방법론 중 요약하기 훈련법이 있었다. 선생은 학생들에게 원고지 30매짜리 글을 읽고 10매로 줄이게 하고 다시 10매를 5매로 줄이고 마지막에는 한 줄로 줄이는 훈련을 시켰다.

요약은 글의 구조를 익히는 법

몇 해 전 경기도에 위치한 가좌도서관에서 종일토록 글쓰기 강의를 연 적이 있다. 아침부터 오후 늦도록 대한민국 최고의 글쓰기 강사들이 연이어 강의를 했다. 그중에는 1년에 300일을 강의한다는 백승권 선생도 있었다. 백승권 선생이 강의 중에 "글쓰기 워크숍에서 수강생들에게 스티브 잡스의 스탠퍼드 대학 졸업식 축사를 요약하는 과제를 즐겨 낸다"고 했다. 애플의 창업자인 스티브 잡스의 연설은 많은 이들에게 두고두고 기억될 만큼 인상적인 내용을 담고 있다. 스티브 잡스의 연설은 원고지 30매 정도 되는 분량(A4 용지 5장)이다. 백승권 선생은 이 글을 A4 용지 한 장으로 요약하도록 훈련시킨다. 글 잘 쓰는 작가이자, 글쓰기를 가르치는 두 선생이 똑같이 글 한 편을 요약하는 훈련을 시킨다면 뭔가 있는 것이다.

간단하게 말해 요약하기는 글쓰기 초심자에서 숙련자로 넘어가는 방법이다. 글쓰기 세계의 사부들은 제자들에게 물 떠 오고 나뭇짐 꾸리고 밥하기 대신 A4 용지 다섯 장의 원고를 한 장으로 줄이는 훈련을 시킨다. 이 훈련이 익숙해지면 스티브 잡스처럼 세계인의 마음을 들었다 놨다 할 수 있는 글을 쓸 수 있다. 10대라면 너무 긴 글을 요약하며 힘을 빼지 말고 A4 용지 한두 장 정도의 짧은 글을 요약하며 훈련을 해도 된다. 혹은 더 짧은 글도 괜찮다.

A4 용지 다섯 장을 한 장으로 줄이려면 그냥 덤벼들어서는 안 된다. 논리적 글쓰기의 순서인 시작–중간–끝에 따라 우선 글의 덩어리를 나눠야 한다. 3단 구성으로 나눈 후 다시 문단을 살핀다. 중간에 해당하는 분량은 이야기가 길 테니 여러 문단이 나올 것이다. 각 문단의 핵심만 요약한다. 예리한 칼날로 살과 뼈를 구분하는 발골 작업과도 비슷하다. 잘 발라내면 고스란히 글의 뼈대만 남는다. 이렇게 뼈대만 남았을 때 뒤틀어지지도 한쪽이 무너지지도 않아야 잘 쓴 글이다. 글쓴이는 대개 처음 시작하는 문단에서 주장이나 전제를 내세우거나 문제를 제기한다. 중간 단락에서 이에 대한 근거를 들기 마련인데 뼈대만 남기면 저자가 얼마나 조리 있고 설득력 있게 주장을 펼쳤는지가 드러난다. 이렇게 나온 결론이 우뚝 서서 도약하듯 독자를 새로운 세계로 이끄는지도 살필 수 있다. 잘 썼다면 한 편의 글은 우아한 건축물처럼 탄탄한 구조를 자랑한다. 이런 글을 만나면 무한한 아름다움을 느낀다.

발골 작업을 해보면 생각보다 부실한 글이 많다. 했던 말을 반복하고 어디로 갈지 몰라 우왕좌왕하거나 글의 시작만 있고 근거가 허술한 글도 있다. 필사가 꼼꼼하게 읽는 법이자 문장을 단련하는 법이라면 요약은 글의 구조를 익히는 법이라 할 만하다.

한 편의 글 요약하기는 여기서 끝이 아니다. 이 요약법의 백미는 뼈대에 다시 살을 채우는 데 있다. 예컨대 스티브 잡스의 연설문을 요약했다면 이번에는 반대로 요약문에 나의 경험과 지식으로 살을 만들어 A4 용지 다섯 장의 글을 새롭게 써본다. 원문과 똑같을 수 없다. 구조는 같으나 완전히 다른 나의 글이 된다.

꼭 스티브 잡스의 연설문이 아니어도 상관없다. 평소에 잡지나 신문에서 잘 쓴 짧은 글이나 기사 혹은 칼럼을 모아둔다. 이런 글을 읽는 것만으로도 좋은 글공부이며 요약해서 구조를 정리해보면 좋은 본보기가 된다. 요약문에 살을 붙이는 훈련이 왜 중요한지 아는가. 글을 쓰는 이가 처음 구상을 할 때 이와 같은 구조로 시작하기 때문이다.

뼈대를 세우는 연습

아이들은 초등학교 3~4학년 국어 시간에 이미 문단의 짜임을 배우고 중심 문장을 찾고 내용을 간추리는 법을 배운다. 앞서 소개한 것만큼 본격적으로 훈련하지는 않지만 이미 배우고 있다.

'플린 효과Flynn Effect'라는 게 있다. 뉴질랜드의 통계학 교수 제임스 플린이 발견한 현상으로 이전 세대보다 다음 세대의 평균 지능지수IQ가 높아지는 현상을 말한다. 사회 전체로 보면 세대가 이어

질수록 지식수준이 높아지니 자연스럽게 학교에서 공부하는 내용도 과거보다 앞서간다. 가끔 아이들의 교과서를 살펴보면 '벌써 이렇게 어려운 걸 배우나' 싶을 때가 있다. 글쓰기에서도 그렇다.

3~4학년이 국어 시간에 배우는 간추리기는 A4 용지 반 장 이하의 짧은 글을 대상으로 한다. 아이와 간추리기 훈련을 한다면 이 정도의 분량이 적절하다는 뜻이다. 아래의 글은 벌의 한 종류인 꿀벌에 대해 설명하고 있다. 이 글을 요약해본다.

우리는 벌 하면 흔히 꿀벌을 떠올려요. 하지만 꿀벌처럼 사는 건 꿀벌밖에 없어요. 벌의 종류는 매우 다양해서 지금까지 알려져 있는 종류만 13만 종이 넘어요. 이 중 하나가 '꿀벌'입니다. 먹이도 종류에 따라 달라요. 꽃의 꿀을 먹고 살아 '꿀벌과'로 분류되는 것은 2만 종 정도예요. 꿀을 얻기 위해 인간이 기르는 '양봉' 꿀벌이 여기에 속해요. 도리어 벌목에 속하는 곤충 중에 꽃에서 먹이를 얻는 종류는 소수에 불과하지요, 70퍼센트 정도는 육식을 하거나 다른 동물의 몸에 기생해 살아요. 식물의 알이나 즙을 먹는 종류도 있어요. 이들은 정류인데 역시 벌에 속하는 곤충이에요. 꿀벌은 대규모로 무리를 지어 살지만 모든 벌이 그런 건 아니에요. 무리를 지어 사는 종류도 있지만 혼자 살아가는 종류가 훨씬 많아요. •

• 김은정, 《사소한 꿀벌책》(한권의책)에 소개된 글을 수정해 실었다. 책에는 사진과 도표의 정보가 글을 보완하지만 글만 따로 있을 경우 추가 설명이 있어야 독자가 이해할 수 있기 때문이다.

꿀벌의 특징을 설명하는 글이다. 꿀벌과 다른 벌들의 먹이나 무리 생활 등을 예로 들어 설명하고 있다. 이를 뼈대만 남겨 요약해보면 아래와 같다.

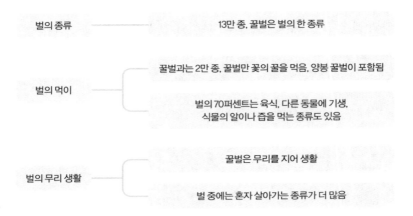

벌의 종류 ——————— 13만 종, 꿀벌은 벌의 한 종류

벌의 먹이 — 꿀벌과는 2만 종, 꿀벌만 꽃의 꿀을 먹음, 양봉 꿀벌이 포함됨

벌의 70퍼센트는 육식, 다른 동물에 기생,
식물의 알이나 즙을 먹는 종류도 있음

벌의 무리 생활 — 꿀벌은 무리를 지어 생활

벌 중에는 혼자 살아가는 종류가 더 많음

글은 어려워 보이지만 구조를 요약하면 간단해진다. 벌의 종류는 다양하고 종류에 따라 먹이도 다르고 무리 짓기 아닌 다른 방식으로 생활한다. 만약 비슷하게 개미나 고래 등의 종류에 관해 쓴다면 이와 같이 구조를 만들고 자료를 조사해서 쓸 수 있다. 그래서 요약하기와 구조를 세워 쓰기는 동전의 양면처럼 맞물린다.

3

글쓰기는
블록 쌓기다

여기까지 읽었다면 이제 시작부터 끝까지 논리가 정연하고 통일성을 갖춘 글이 단지 우연의 산물이 아니라는 사실을 알았을 테다. 어쩌다 잘 쓴 게 아니라 글쓴이는 처음부터 이런 글을 쓰기 위해 의도했고 결과를 만들어냈다. 그런데 글쓰기 원칙은 여기서 끝이 아니다. 글쓰기의 과정에는 서로 모순되어 보이는 흥미로운 사실이 있다.

완성된 글은 통일성이 있어야 하고 유기적으로 탄탄하게 연결되어 있어야 한다. 그러나 글을 구상하는 단계는 지극히 즉흥적이다.

무슨 말인고 하니 논리나 인과관계 혹은 통일성을 고려하지 않고 머리에 떠오르는 대로 생각과 자료를 줍듯 모으는 과정이 필요하다. 박연철 작가의 《망태 할아버지가 온다》(시공주니어)에서 엄마가 어린이를 겁줄 때 등장하던 망태 할아버지들이 폐지나 헌옷을 발견하는 족족 망태에 주워 넣듯 우선은 도움이 될 만한 아이디어를 모아야 한다. 글의 통일성은 그다음에 생각한다.

메모하며 글감을 모으기

논리적인 글은 서론-본론-결론이라는 구조에 따라 짜이고, 서론에서 제기한 문제는 본론에서 부연 설명된다. 논리적인 글쓰기의 구조는 이렇지만 생각이란 이렇게 순서에 맞춰 차례대로 떠오르지 않는다. 아이디어는 뒤죽박죽 비어져 나온다.

완성된 글은 잘 쌓아놓은 돌담처럼 빈틈없이 보기 좋다. 하지만 돌을 모으는 과정부터 쌓을 순서대로 돌을 구할 수는 없다. 우선은 돌담을 쌓기 적당한 돌을 보이는 대로 모은다. 그러고 나서 밑단부터 적절한 돌을 쌓아 담을 만든다.

글쓰기의 첫 번째 단계는 구상이다. '어떻게 쓸까' 하고 머리를 굴리고 기억을 떠올리고 자료를 모으며 쓰고 싶은 글을 구상한다. 이 단계에서는 꼬리에 꼬리를 물고 생각이 이어지도록 그냥 놔둔다. 마음에 어떤 주제를 품고 있으면 독에 물이 차오르듯 보고 듣고 읽는 것들에서 모두 관련된 이야기가 찾아든다. 처음에는 이 생각들의 옳고 그름 혹은 쓰임새는 재단하지 않고 그저 솟아나도록 둔다. 한데 그냥 지켜보기만 하면 날아가버리니 생각이 떠오를 때마다 메모를 한다. 글 잘 쓰는 사람 치고 메모광 아닌 이가 없다. 사람들의 대화, 순간적으로 떠오른 감흥 혹은 이런저런 에피소드들이 모두 글감이고 수집 대상이기 때문이다.

강원국 작가는 쓰기를 주제로 3년 동안 메모를 했더니 1700개가 모였다고 한다. 이 메모가 모여 (그리고 재구성되어)《강원국의 글쓰기》(메디치미디어)라는 책이 태어났다. 어떤 주제든 1000개 이상 메모를 하면 책을 쓸 수 있다는 게 그의 지론이다.

《쓰기의 감각》(웅진지식하우스)을 쓴 앤 라모트는 열아홉 살에 대학을 중퇴했다. 작가였던 그녀의 아버지는 자신처럼 작가가 되려는 딸에게 "얼마간은 매일매일 써라. 그리고 너 스스로 사전 조율을 하고 피아노의 음계 연습을 하듯이 해라. 글쓰기를 체면상 갚아야 할 빚처럼 다루어라. 어떻게든 끝맺을 수 있도록 헌신하라"라는 글쓰기의 금언을 남겨준다. 앤 라모트는 이때부터 매일 한 시간 이상 썼다. 주변 사람들, 추억, 기분, 위대함과 낮은 자존감에 대해 썼고, 전해 들은 재미난 이야기도 썼다. "배에 탄 생쥐처럼 귀를 쫑긋 세우고 사람들의 말을 엿듣는 법을 배웠고 그렇게 들은 이야기를 모조리 썼다"고 말한다. 이렇게 그녀는 주변에서 일어난 일을 쓰기 위해 언제나 색인 카드를 들고 다니며 메모했다.

작가의 메모는 일테면 레고의 블록 조각 하나다. 하나의 에피소드가 담긴 한 장의 메모지는 하나의 블록이다. 블록을 모아두었다가 만들고 싶은 뭔가가 생기면 필요한 블록을 꺼내 아귀를 맞춰 짜넣는 것이다.

재배열하고 연결하기

글감을 블록처럼 여기면 글을 쓰는 과정이 상당히 유연하다는 걸 깨닫게 된다. 하나의 블록 역할을 하는 문장 혹은 문단을 이리저리 조합하는 과정이 글쓰기다. 도서평론가 이권우는 글을 쓸 때 한 편의 글이 아니라 '단락 중심'으로 생각하라고 말한다.

어린이가 한 편의 글을 쓸 때도 마찬가지다. 글의 통일성과 일관성이 중요하다고 했지만 그것에 매달리면 나아가기 어렵다. 우선은 주제에 따라 떠오른 생각이나 하고 싶은 말을 담은 단락을 여러 개 쓴다고 생각한다. 그런 다음 단락의 배치를 바꿔가며 글 전체의 일관성을 세운다.

어린이에게 단락과 단락을 유기적으로 연결하는 것은 어려운 일이다. 그럴 때 가장 쉬운 방법은 접속사로 연결하는 것이다. 왜냐하면, 예를 들어, 물론(그러나), 그럼에도(하지만), 그러므로와 같은 접

쓰면서 자라는 아이들____

속어를 사용해 문단과 다음 문단을 이을 수 있다.

대개 첫 문단은 잘 써지지 않는다. 아이들도 "이 책은 선생님이 읽으라고 시켜서 읽게 되었다"거나 "어느 날 선생님이 독후감 대회가 있다고 나가보라고 해서 읽게 되었다"처럼 상투적인 문장으로 시작한다. 이렇게라도 일단 써야 다음 말이 나온다. 블록의 조립이 끝난 후 마음에 안 드는 블록은 빼버리면 된다. 시작 부분의 진부한 표현은 다 쓰고 나서 삭제하면 그만이다. 결론으로 썼던 문단을 맨 앞으로 가져다가 놓을 수도 있다. 가장 중요한 건 문단 쌓기는 돌담 쌓기와 동일하다고 여기는 마음이다. 일단 쓴 후 더 효과적인 위치에 문장을 옮기면 된다. 물론 이런 사고가 가능하려면 우선 어린이가 글을 많이 써봐야 한다. 더 잘 쓰고 싶은 마음이 있을 때 스펀지가 물을 흡수하듯 '아하 이렇게 하는 거구나' 하고 알아차릴 수 있다.

5학년 어린이가 학교생활을 되돌아보고 짧은 글을 썼다. 먼저 한 학기 동안 기억에 남는 일을 떠올리며 글감부터 모아야 한다. 블록을 모으는 단계다. 이렇게 쓴 '나의 학교생활을 돌아보기'라는 글은 A부터 E까지 다섯 개의 블록을 모은 형태다.

A	처음 5학년이 되어서 줌 수업을 할 때 너무 긴장됐다. 왜냐하면 이 전에는 한 교시만 줌 수업을 하고 나머지는 e학습터를 했기 때문이다.
B	5학년이 돼서 처음 결석을 했을 때 왠지 모르겠지만 걱정되고 불안하고 긴장됐다.
C	급식 먹고 ○○와 문제를 풀 때 내가 잘 풀었는지 걱정됐다. 그리고 결과를 봤을 때 국어, 영어는 다 맞고 수학은 조금 틀렸는데 조금만 문제를 잘 풀었어도 백점 맞을 수 있어서 아쉬웠다. 그리고 그날, 학교 끝나고 ○○이와 이야기하며 집에 갈 수 있어서 좋았다.

D	처음 학교에 코로나 확진자가 나왔을 때, 정말 놀랐다. 그리고 교문을 나왔을 때, ○○이가 핸드폰을 빌려달라고 나에게 말을 걸어줘서 고마웠고 집까지 같이 가서 좋았다.
E	선생님께 카드를 드리기 전 계속 어떻게 드릴지 생각했다. 그리고 드릴 때 심장이 엄청 쿵쾅거렸다. 그리고 선생님께 드렸을 때 선생님이 좋아하시는 것 같아서 뿌듯했다. 선생님께서 볼펜을 잘 쓰시면 좋겠다.

아이는 시간의 순서에 따라 A부터 E의 블록을 차례대로 늘어놓았다. 이렇게 사건과 감정을 솔직하게 쓴 것만으로도 잘 쓴 글이다. 그런데 A부터 E까지 블록의 자리를 조금만 바꾸면 글의 완성도가 높아진다. 불필요한 블록은 빼버리고, 블록과 블록을 연결하는 문장이나 접속사를 넣어주면 훨씬 글이 탄탄해진다.

A'	5학년 1학기 동안 나에게 조마조마한 일이 너무 많았다.
A	처음 5학년이 되어서 줌 수업을 할 때 너무 긴장됐다. 왜냐하면 이 전에는 한 교시만 줌 수업을 하고 나머지는 e학습터를 했기 때문이다.
D	처음 학교에 코로나 확진자가 나왔을 때, 정말 놀랐다. 그리고 교문을 나왔을 때, ○○이가 핸드폰을 빌려달라고 나에게 말을 걸어줘서 고마웠고 집까지 같이 가서 좋았다.
C	급식 먹고 ○○와 문제를 풀 때 내가 잘 풀었는지 걱정됐다. 그리고 결과를 봤을 때 국어, 영어는 다 맞고 수학은 조금 틀렸는데 조금만 문제를 잘 풀었어도 백점 맞을 수 있어서 아쉬웠다. 그리고 그날, 학교 끝나고 ○○이와 이야기하며 집에 갈 수 있어서 좋았다.
C'	긴장했을 때마다 친구들이 옆에 있어서 마음이 편안해졌다.
E'	제일 조마조마했던 건 1학기 말이었다.
E	선생님께 카드를 드리기 전 계속 어떻게 드릴지 생각했다. 그리고 드릴 때 심장이 엄청 쿵쾅거렸다. 그리고 선생님께 드렸을 때 선생님이 좋아하시는 것 같아서 뿌듯했다. 선생님께서 볼펜을 잘 쓰시면 좋겠다.

처음에 쓴 글은 5학년 때 겪은 조마조마한 일들이 나열돼 있다. 그런데 의미를 만들려면 비슷한 것끼리 묶어야 한다. 우선 글 한 편을 관통하는 중심 문장을 A 블록 앞에 A'로 넣었다. 또 비슷한 것끼리 묶기 위해 블록의 위치도 바꾸었다. D와 C 블록은 줌 수업과 코로나 확진자 그리고 시험 이야기로 '두근거림'이라는 연관성이 있다. D와 C 블록에서 말한 불안은 친구들과 함께 있고 안정감을 느끼며 사라졌다. C 아래 이를 보충하는 C'를 써주었다. E는 독립된 사건이라 앞 문단과 이어주는 문장이 필요하다. E'를 넣어 균형을 맞추다 보니 B는 들어갈 곳이 없어 아예 뺐다.

결국 A'-A-D-C-C'-E'-E의 순서로 블록을 다시 쌓았다. 원래 글은 고치지 않고 몇 개의 이음 블록을 넣고 위치를 바꾸었을 뿐이다. 우선 블록을 쌓고 위치를 바꾸듯 글도 마찬가지 방법으로 통일성을 만들어간다.

마지막으로 방법론을 설명했지만 어린이의 글을 당장 이렇게 뜯어고치려는 생각은 잠시 접어두자. 다만 부모가 글의 통일성과 유기성이 중요하다는 걸 알면 어린이의 글이 지닌 단점이 보일 테다. 이때 욕심내서 전부 뜯어고치려 하지 말고 한두 가지만 고칠 수 있도록 도와준다. A'나 E' 같은 짧은 문장을 넣어도 글이 매끄러워지니 그 정도의 의견만 제시한다. 중요한 건 아이가 그렇게 해서 자기의 글이 나아졌다는 걸 스스로 깨우치는 일이다.

4

글쓰기가
곧 공부다

글을 쓸 때 무얼 먼저 할까? 연필을 먼저 잡을 게 아니라 글 속에 담아야 할 내용 즉 블록을 모아야 한다. 즉 구상이다. 구상이란 표현이 막연하니 블록 모으기라고 했다. 결국 생각하기, 자료 조사, 책 읽기, 영상 보기, 관찰하기 등을 말한다.

초등 저학년이 쓰는 글은 생활 글이다. 자기가 겪은 일, 직접 보고 듣고 만져본 일은 구태여 조사를 할 게 없다. 오늘 무슨 일이 있었는지를 잠시 떠올려보고 쓰면 된다. 3~4학년은 돼야 쉬운 역사 책이나 과학 책을 읽고 난 후에 깊지는 않지만 환경, 인권, 동물 등 사회적 주제에 관해 글을 써볼 수 있다. 실제로 대상을 설명하는 글이나 주장하는 글(논설문)은 고학년이 되고 나서 쓰기 시작한다. 이런 글은 겪은 일과 달리 내가 아는 것만으로 쓰려면 부족하다. 조사하고 공부하는 과정이 필요하다.

꼬리에 꼬리를 무는 호기심을 찾아

설명글이나 논설문을 써보면 왜 독후감이 글쓰기 연습에 좋은지를 알 수 있다. 독후감은 글을 쓰기 위해 조사나 공부를 따로 하지 않아도 된다. 반면 "난민을 받아들여야 할까요?", "착한 거짓말도 필요할까요?"라는 주제로 글을 쓴다면 생각을 정리하는 것뿐 아니라 조사하는 과정이 필요하다. 더 힘이 든다.

공부라면 지겨운 일이라는 생각이 먼저 들지만 모르던 걸 알아가는 기쁨은 대단하다. 유용한 결과가 나올지 도움이 될지 알 수 없지만 알고 싶다는 갈망은 숭고한 인간의 본성이다. 읽기와 쓰기는 이런 욕구를 충족시켜준다. 특히 내가 모르는 걸 탐구하고 정확히 알게 되는 과정이 글쓰기다. 아이가 게임을 잘하기 위해 노력하거나 공룡의 세계에 빠져드는 것과 같은 맥락이다. 세상에 대한 탐구와 알아가는 희열이 공부工夫의 본질이자 쓰기의 핵심이다. 아이에게 글쓰기를 가르친다기보다 이 기쁨을 맛보게 해주는 것이 부모나 교사가 해야 할 일이라고 생각한다. 아이가 혼자 알아서 하려니 여기지 말고 처음에는 길을 보여줘야 한다.

'떡볶이는 어떻게 인기를 얻었나'라는 글을 쓴다고 하자. 우선 떡볶이에 대해 아는 게 없으니 자료 조사부터 해야 한다. 책을 보거나 인터넷 검색을 한다. 《역사로 보는 음식의 세계》(이은정 글, 강영지 그림, 크레용하우스) 같은 책에서 떡볶이의 시작이 '궁중 떡볶이'라는 걸 확인할 수 있다. 인터넷 검색은 화제 순으로 결과를 보여주니 떡볶이를 검색하면 맨 위에 'K-푸드'가 뜬다. 떡볶이의 현재 모습이다. 궁중에서 먹던 음식이 세계인이 좋아하는 음식으로 바뀌고 있다는 걸 알 수 있다. 자료 조사를 하며 글에 담아야 할 블록을 이렇게 하나씩 모은다. 그런 다음 모아놓은 블록을 어떻게 배치할지를 정하는 것이 쓰기라고 생각하면 된다.

글을 쓰는 모든 사람은 공부를 한다. 지식을 담는 교양서의 필자는 물론이고 이야기를 짓는 소설가도 공부한다. 바닷가 마을을 배경으로 소설을 쓴다면 어류, 고깃배, 지형과 관련된 전문 자료를 읽고 공부하는 식이다. 필요하다면 몸소 겪어보기도 해야 한다. 그렇지 않다면 알고 있는 지식 안에서 글이 맴돌 수밖에 없어 필연적으로 낡고 공허한 글이 된다. 어린이도 글을 쓰려면 필요한 것을 찾아야 한다.

생각 정리의 기술 익히기

초등 5학년이면 간략하게 한국의 역사를 배운다. 역사나 지리 등은 교과서에서 배운 내용만으로는 한계가 있다. 박물관이든 유적지든 그곳을 직접 가보아야 죽은 지식이 살아난다. '낱말을 만지는 법'을 설명했듯 지리적, 역사적 감각이 필요하다. 5학년 아이가 역사를 배운 후 부모와 함께 국립중앙박물관에 다녀와서 글을 썼다.

오늘은 엄마, 아빠와 국립중앙박물관에 갔다. 아마 작년에 ○○와 같이 갔던 것이 마지막일 것이다. 그래서 반가웠다. 국립중앙박물관에 들어가니 공항처럼 소지품 검사를 하는 곳이 있어서 했다. 공항도 아닌데 소지품 검사를 하니 기분이 이상했다.

우리는 소지품 검사를 한 후 신석기, 구석기, 청동기시대 유물을 보러 갔다. 거기에는 학교에서 배운 빗살무늬토기나 민무늬토기, 반달돌칼 같은 것들이 있었고 처음 본 유물도 많았다. 책으로 보던 것을 실제로 보니 신기했다.

신석기, 구석기, 청동기시대 유물을 보고 기념품 숍에 갔다. 그곳에는 여러 기념품이 있었다. 나는 그중 반짝반짝 빛나는 학 문양 자개열쇠 고리가 정말 예뻤다. 나는 그래서 그 열쇠고리를 샀다. 나는 정말 기뻤다.

기념품 숍에서 물건을 사고 옛날 사람들의 글과 그림을 보러 갔다. 그림을 보던 중 초상화를 그리는 방법을 보았는데 정말 신기했다.

그다음에는 불화와 불상을 보러 갔다. 우리 아빠는 불상을 좋아한다. 아빠가 좋아하는 불상 중 하나인 '반가사유상'을 보았다. 사람이 한 명도 없어서 반가사유상을 코앞에서 볼 수 있어서 좋았다.

그리고 그다음에는 기념품 숍을 가고 쿠키를 사서 집에 갔다. 기념품으로는 자개 자석, 유물 비누, 부채 모양 책갈피가 마음에 들었다. 다음에 또 가게 되면 역사 공부를 더 열심히 하고 가야겠다.

이만큼 긴 글을 자기 힘으로 썼다니 정말 잘했다고 우선 칭찬한다. 글을 쓰려고 잠시 오늘 있었던 일을 떠올렸으니 글쓰기의 기본은 익힌 셈이다. 여기서 한 걸음 나아가려면 연습이 필요하다. 아이도 아쉬웠는지 "다음에 또 가게 되면 역사 공부를 더 열심히 하고 가야겠다"라는 감상을 남겼다.

꼭 가기 전이 아니라도 괜찮다. 글을 쓸 때 공부해서 덧붙여 써도 된다. 그러면 나열에 그치지 않고 깊이를 만들 수 있다.

생각을 정리하는 방법론은 상당히 많다. 마인드맵, 싱킹맵 등은 모두 방법론이다. 다양한 방법론이 중요한 게 아니라 원리를 알면 된다. 결국 생각 가다듬기는 정리의 기술과 연관된다. 아이가 처음에 국립중앙박물관에 가서 본 곳과 느낌을 맵으로 정리해보았다. 간혹 어떤 방법이 더 좋냐고 묻는 부모들이 있는데, 맵의 종류를 익히는 것보다 덩어리로 즉 같은 블록끼리 정리한다는 개념을 아는 것이 중요하다.

쓰면서 자라는 아이들_____

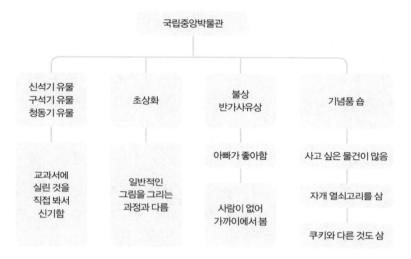

글을 쓸 때는 중심 내용을 정하고 집중해야 한다. 범주가 넓으면 글이 얕아진다. 우선 주제를 압축하는 과정이 필요하다. 주제를 좁히면 자료 조사도 쉬워진다. 박물관에서 본 것 중에 가장 잘 쓸 수 있는 건 뭘까. 초상화나 불상은 어렵고, 어린이의 눈높이에 맞는 건 신석기시대의 빗살무늬토기 정도다.

새로운 내용을 덧붙여 풍부하게 만들기

어린이는 교과서에서 신석기시대 사람들이 빗살무늬토기를 사용했다는 사실을 배웠다. 하지만 빗살무늬토기는 지금으로부터 1만

2천 년 전 한반도에 살던 이들이 만든 토기다. 어린이가 광대한 시간과 공간을 거슬러 당시의 삶을 바로 이해할 수 없다. 구체적으로 이해하지 못할 때 가장 쉬운 방법이 관련 동영상을 보여주는 것이다. EBS, 문화유산채널, 문화포털 등 공신력 있는 기관에서 만든 영상을 찾는다. 신석기시대와 빗살무늬토기를 문자가 아닌 동영상으로 보고 들으면 훨씬 이해가 쉽다.＊ 조금 더 욕심을 낸다면 역사책에서 관련된 부분만 읽는다. 신석기시대인의 특징, 청동기시대와 다른 점 등을 이해할 수 있다. 새롭게 알게 된 지식을 바탕으로 구상을 새로 해보았다.

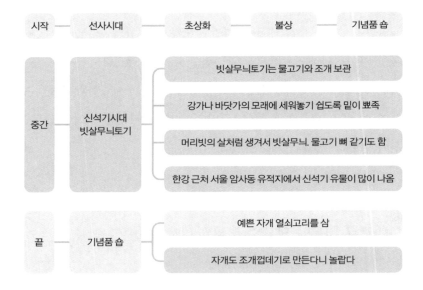

＊　빗살무늬토기에 관해서는 '문화포털'에서 만든 아주 친절한 영상 자료가 있다.

새롭게 알게 된 사실과 경험을 모아 쓸 내용을 블록을 모으듯 단락으로 정리한다. 앞서 말한 글 한 편을 요약하기와 반대의 방법으로 구상하는 것이다. 저학년은 이를 할 수 없으니 대화로 글감 찾기를 도와주고, 중학년 이상이면 서툴더라도 방법론을 보여주며 조금씩 해본다. 이를 바탕으로 글을 다시 쓴다고 가정하면 아래와 같을 테다.

작년에 ○○와 같이 국립중앙박물관에 간 후 오랜만에 엄마, 아빠와 갔다. 공항처럼 소지품 검사를 한 후 신석기, 구석기, 청동기 시대 유물을 보러 갔다. 그리고 옛날 사람들의 글과 그림을 보았고 마지막으로 아빠가 좋아하는 불상을 보았다. 사람이 한 명도 없어서 '반가사유상'을 코앞에서 볼 수 있어서 좋았다.

박물관에서 가장 신기한 걸 하나만 꼽으라고 하면 학교에서 배운 빗살무늬토기나 민무늬토기, 반달돌칼을 실제로 본 일이다. 신석기인은 물고기나 조개 같은 먹이를 구하기 쉬운 바닷가나 강 근처에 살았다. 그래서 잡아놓은 물고기나 조개를 보관하는 그릇이 필요했다. 이 토기를 바다나 강가 근처 모래에 세우려고 끝을 뾰족하게 만들었다. 또 머리빗의 살이랑 비슷한 무늬가 새겨졌다고 빗살무늬토기라고 부른다는 걸 알았다. 박물관에서 처음 빗살무늬토기를 보았을 때는 끝이 뾰족해서 참 이상했다. 지금은 신석기인들이 머리가 참 좋다는 생각이 든다. 또 우리 집 근처인 암사동에 신석기시대 유적지가 있다는 것도 처음 알았다. 비가 많이 오는 바람에 땅에 묻혀 있던 신석기시대 물건들이 발견되었다고 한다. 거기도 엄마, 아빠랑 가봐야겠다.

솔직히 말해서 국립중앙박물관에서 가장 좋았던 건 기념품 숍이었다. 그곳에는 여러 기념품이 있었다. 나는 그중 반짝반짝 빛나는 학 문양 자개 열쇠고리가 정말 예뻤다. 그래서 그 열쇠고리를 샀다. 정말 기뻤다. 엄마가 자개 열쇠고리의 자개를 조개껍데기로 만든다고 말해줬다. 빗살무늬 토기에 넣어둔 조개와 자개를 만드는 조개라니, 신기하다. 나도 조개를 이용해 액세서리를 만들어보고 싶다.

글쓰기는 스스로를 자극하는 일

영어와 수학만이 공부는 아니다. 글을 쓰기 위해서는 공부가 필요하다. 글을 쓸 때 책을 읽고 신문을 살피고 영화 같은 다른 미디어를 참고해야 한다는 걸 알면 절반은 성공이다. 자료를 찾지 않고 쓸 수 있는 글은 많지 않다. 일기 쓸 때를 빼고는 국어사전이라도 찾아야 한다. 이 과정을 귀찮아하거나 그냥 넘어가려고 하면 쓸거리가 없고 빈약한 글이 나온다.

고학년 어린이는 이제 자신이 관심 있는 주제에 대해 제법 긴 글을 쓸 수 있다. 하지만 평소 잘 읽지 않는 종류의 책을 읽고 독후감을 쓰거나 잘 모르는 주제에 대해 글을 써야 할 경우는 허술해진다. "우리 아이가 어떤 글을 잘 쓰는데 다른 글은 못 써요"라고 고민하는 부모가 있다. 어린이가 잘 쓰지 못하는 이유는 그 분야에 대해 잘 알지 못하기 때문이다. 잘 쓰려면 배경지식이 필요하다. 관련 분야의 책을 쉬운 것부터 찾아 읽는 게 먼저다.

10대 역시 과제로 써야 하는 글이라면 질색을 하지만 커뮤니티 게시판에는 즐겨 쓴다. 좋아하는 뮤지션에 관해 게시물을 올릴 때 막힘이 없다. 방탄소년단에 관해서는 쓸 수 있어도 '자본주의 시스템의 문제'나 '서울 지하철의 정부 지원 문제'에 관한 글은 쓰기 싫고 쓸 수 없다. 그렇다면 어린이가 먼저 잘 쓸 수 있는 분야로부터 시작해 쓰기를 몸에 익히고 다른 분야로 나아가면 된다.

자료를 조사하고 공부를 하며 글을 쓰는 건 모두 초등 고학년 이상의 글쓰기다. 초등학생은 자유롭게 글을 쓸 수 있도록 길을 터 주는 게 먼저다. 쓰기가 지긋지긋하지 않고 만만하면 스스로 한다.

글쓰기는 자기소개서를 잘 쓰기 위해 혹은 논술 시험을 위해 익히는 건 아니다. 궁극적으로 자기표현이고 공부다. 쓴다는 건 모르던 걸 알아가는 과정이며 진정한 의미로 자신을 가장 크게 자극하는 일이다. 글쓰기를 통해 이걸 깨닫도록 돕는 것이 부모가 할 일이다.

5

자기만의
리듬이 있는
글 만들기

쓸거리를 모으고 조사를 하고 나면 처음-중간-끝이라는 개요에 맞춰 블록을 쌓듯 쓸거리를 담아 정리한 후 글을 쓴다. 이 과정을 거쳐 글을 썼다면 박수를 받을 만한 일이다. 글쓰기에서 이렇게 쓴 글을 '초고'라고 부른다. 처음 쓴 글이라는 뜻이다. 다시 말해 맨 처음 써본 글에 불과하다. 초고는 수정되기 위한 글이다. 아무리 개요를 잡고 썼다고 해도 처음 쏟아낸 글은 어수선하다. 글을 쓴다는 것은 이 거친 초고를 다듬어가는 과정이다. 흔히 '초고는 가슴으로 쓰고 퇴고는 머리로 한다'라고 말한다. 글쓰기의 절반

쓰면서 자라는 아이들

이상은 머리로 하는 퇴고에 승패가 달렸다 해도 과언이 아니다.

퇴고의 경험을 쌓기

직업적으로 글을 쓰는 작가들일수록 퇴고의 중요성을 누구보다 잘 알고 있다. 작가들의 글을 읽어보면 퇴고에 관한 저마다의 사연이 있다. 《장미의 이름》을 비롯해 수많은 작품을 쓴 천재 작가 움베르토 에코는 처음 쓰고 나서 대략 열 번에서 스무 번 정도 고쳐 썼다고 한다. 뛰어난 소설가인 레이먼드 카버는 서너 번 정도 써야 작품의 윤곽을 겨우 잡는다고 말한다. 어린이 책 작가도 마찬가지다. 《푸른 사자 와니니》로 유명한 이현 작가는 《로봇의 별》을 쓸 때 퇴고를 일곱 번이나 했다.[*]

물론 성인이 글을 쓰고 퇴고할 때 그렇다는 말이다. 초등학생이 자신이 쓴 글을 다시 고쳐 쓰며 퇴고할 확률은 거의 없다. 아니 절대 없다. 퇴고는 강제한다고 될 일이 아니다. 역시 글을 잘 쓰고 싶다는 마음이 생긴 뒤에나 할 수 있는 일이다. 다만 글을 다 쓰고 나면 한 번은 읽어봐야 한다는 사실을 알려줄 필요는 있다. 이왕이면 소리 내 읽어보는 것이 좋다.

●   이현, 《동화 쓰는 법》, 유유(2018)

모든 글은 리듬이 있다. 자기만의 리듬을 만드는 일 역시 글을 계속 쓴다면 도전해야 할 일이다. 누구나 처음 쓴 글을 읽어보면 잘 읽히지 않는다는 걸 바로 알 수 있다. 매끄럽지 않거나 이상한 대목이 나온다. 모두 수정해야 한다. 하지만 어린이에게 퇴고를 강요할 필요는 없다. '다 쓰면 한 번 읽어본다. 오탈자가 있다면 수정한다'는 사실을 일러주는 것이 중요하다.

학교생활에서 어린이가 중요한 글을 써야 할 때가 종종 있다. 부모와 교사가 보는 글을 넘어 공개하는 글을 쓸 때 한 발자국만 더 나가본다. 글이 매끄럽지 않은 부분이나 좀 더 설명이 필요한 부분을 어떻게 고치면 좋을지를 함께 이야기하고 수정한다. 꼭 필요해서 퇴고를 했고 자신의 글이 나아지는 경험은 어린이에게 필요한 글쓰기 공부다. 세상에 퇴고 없이 잘 쓴 글은 없기 때문이다.

글은 함께 써나가는 것

퇴고를 하지 않을수록 글쓰기 초보자일 확률이 높고 퇴고를 열심히 하는 사람일수록 글을 잘 쓰는 사람일 확률이 높다. 동물행동학자이자 서울대학교 교수와 국립생태원장을 지낸 최재천 이화여대 석좌교수는 책 많이 읽고 글 잘 쓰는 걸로 유명하다. 그가 글 쓰는 비결로 꼽은 건 간단하다. "미리 쓰고, 소리 내어 읽고, 수십 번 고쳐 쓴다." 역시 글 잘 쓰는 한양대학교의 정민 교수도 쓰고 나면 아내에게 소리 내어 읽어준다고 밝힌 적이 있다.

부모들과 글쓰기 워크숍을 하면 생각지도 못한 일이 일어난다. 우선 부모가 책을 읽고 글을 쓰면 아이들이 큰 관심을 보인다. 엄마가 글을 쓰는 책이 궁금해 아이 혼자 휴대전화의 손전등을 켜고 몰래 읽었다는 사례도 있다. 또 아직 어리다고만 여겼던 자녀가 부모가 쓴 글을 읽고 진지하게 평을 하는 일도 생긴다. 책에서나 나올 법한 에피소드가 집에서 일어난다.

어린이가 무언가를 좋아하고 잘하게 되는 최고의 비결은 닮고 싶은 누군가가 곁에 있는 것이다. 모든 어린이는 좋아하는 교사나 부모의 모습을 통해 삶에서 필요한 기술을 배우는 법이다. 아이가 되고 삼아 해야 하는 '소리 내어 읽기'를 자발적으로 할 리 없다. 꼭 하고 싶다면 부모가 먼저 실천해서 보여줘야 한다.

원래 못 쓰는 아이는 없다

《아홉 살 독서 수업》을 펴내고 3년여 만에 《쓰면서 자라는 아이들》을 세상에 선보인다. 그사이 우리 사회는 거침없이 디지털 세계로 진입했다. 어른은 물론 어린이에게도 게임과 유튜브는 일상이되었고, 스크린으로 공부하고 놀고 친구를 만나는 일에 스스럼이없다. 텍스트를 '지긋하게' 읽고 이해하고 글을 쓰는 일은 점점 희귀해져간다.

오랫동안 '어린이란 누구인가?' 하는 화두를 품고 살았다. 어린이를 안다는 것은 결국 어른인 나를 정면으로 인식하고 끌어안는일이라 믿었기 때문이다. 어린이에 대해 알게 되며 '인간은 학습하는 존재'라는 점을 절절하게 깨달았다. 타고난 본성을 무시할 수는 없으나 자라며 무엇을 경험하고 훈련했는지가 한 사람을 규정하는 건 분명했다. 인간이란 환경의 변화에 빠르게 적응하며 변화하는 존재이니 어린이가 디지털에 최적화되어가는 건 당연한 일이다.

다만 텍스트와 영상을 모두 경험한 세대로서, 어느 한 가지만으로 충분하지 않다는 점은 짚어두고 싶다. 예컨대 영상은 보여주며 말할 수 있어 화장하는 법, 요리하는 법 등 구체적인 대상과 방법론을 설명하는 데 적합하다. 또 진입 장벽이 낮아 쉽고 편하게 정보를 제공받을 수 있다. 반면 한계도 분명하다. 모든 지식을 영상으로 만드는 건 효율이 낮으며, 영상을 보려면 긴 시간이 필요하고 결정적으로 기억에서 금방 사라진다. 그래서 추상의 언어가 필요한 과학, 예술, 학문의 세계는 영상보다 텍스트가 적합하다. 영상과 텍스트는 둘 다 살아남겠지만, 깊은 사고를 요구하는 고급한 지식을 담고 전달하는 데는 텍스트가 효율적이라는 뜻이다.

한데 텍스트를 읽고 이해하는 능력이 소수에게 한정되면 이는 권력이 될 수밖에 없다. 여전히 고전과 인문서와 과학 책을 읽고 말하고 쓰기를 훈련하는 어린이들이 있다. 반면 일찌감치 텍스트와 담을 쌓고 웹을 떠돌아다니는 어린이도 있다. 과거와 달리 문해력의 경험은 시작부터 불평등하게 축적되고 이후의 삶에 지속적으로 영향을 미칠 거라는 우려가 자연스레 생겨난다. 전문가들이 문해력이 권력이 될 것이라고 경고하는 이유이기도 하다.

미래를 살아갈 세대가 텍스트에서 소외되지 않도록 세심한 배려가 필요한데 현실은 그렇지 않으니 문해력의 위기가 강조된다. 문해력文解力, literacy이란 문자로 써진 모든 글을 읽고 이해할 수 있는 능력을 말한다. EBS에서 방영한 다큐멘터리 〈당신의 문해력〉은 어린이와 청소년의 문해력 저하를 진단하고 해결 방안을 다각도로 살피는 프로그램이다. 타당한 지적이지만 이런 지적이 거듭될수록 부모의 불안감도 높아만 간다.

흔히 문해력의 위기를 진단할 때 어린이와 청소년의 어휘력 부족을 지적한다. 대개 어휘력이란 독서와 연관되므로 읽기와 멀어지면 문해력도 낮을 수밖에 없다. 하지만 이때 예로 드는 말은 도장塗裝이나 문상問喪처럼 어린이나 청소년이 쉽게 접할 일 없는 단어들이다. 언어란 생성되고 유통되다 소멸한다. 전통 사회에서는 흔히 쓰였던 말이라도 지금은 사용하지 않는다면, 또래가 쓰지 않는다면 당연히 모를 수밖에 없다.

또 의약품 설명서나 근로기준법 등을 단번에 이해하지 못한다고 문해력이 낮다고 할 수 있는지도 의문이다. 전문 분야의 글은 과거에도 일반 독자가 읽기 어려웠다. 도리어 시대가 바뀌었는데도 담당 기관이 여전히 낡은 문장으로 소비자를 위한 안내 글을 쓰는 그 무성의를 탓해야 한다. 이는 문해력 위기가 거론되며 '정독'이 강조되다 못해 지나친 걱정을 낳는 것과 비슷하다. 많은 부모가 어린이가 정독하지 않는다고 걱정한다. 내가 아는 한, 독자는 다독과 정독과 발췌독을 혼용하지 모든 책을 정독하지 않는다. 또한 모든 독자는 처음에 다독으로 시작해 점차 정독으로 나아간다.

시장은 불안을 먹고 자라는 법. 문해력의 위기에 대한 보도가 이어질수록 갖은 방법론이 나온다. 어휘력을 늘리거나 중심 문장을 찾는 것만으로 문제가 해결된다면 좋으련만 그럴 수 없다. 책에서 내내 말했듯 효율적인 방법론보다 충분히 읽고 쓰는 과정을 거치는 것이 먼저다. 다양한 방법론은 또 다른 숙제가 될 수 있으며, 그럴수록 어린이들은 쓰기를 더욱 지겨워할 것이다. 어른은 스스로 필요하다 느끼면 인내와 불굴의 의지를 동원할 수 있지만 어린이는 다르다. 어린이는 재미있어야 읽고, 자신이 느낀 재미를 말하고 싶어야 쓴다. 문해력은 이 자연스러운 과정에서 향상된다.

인생의 많은 일이 그렇듯 쓰기에 관해 책을 펴낼 생각은 없었다. 도리어 '쓰기를 어떻게 책으로 배우나. 쓰기는 몸으로 하는 일이지, 직접 써보는 수밖에는 없다'라고 생각했다. 잡지를 만들며 글을 쓰기 시작했지만 따로 글쓰기를 배웠다기보다는 수많은 마감을 거치며 쓰고 고치고 다시 쓰기를 거듭했을 뿐이다. 다만 서평 쓰기를 직업으로 삼아온 터라 그 노하우를 들려줄 수는 있다고 여겼다. 하지만 어른과 어린이의 쓰기는 참으로 달랐다.

이 과정에서 학부모들과 글쓰기 워크숍을 여러 차례 했다. 초등학교 학부모 독서 동아리 회원과 자녀가 함께 참여하는 워크숍도 있었고, 도서관이나 교육청 산하 학부모센터에서 주관하는 글쓰기 워크숍도 있었다. 이때 만났던 분 중에 기억나는 학부모가 많다. 자녀가 중학생이 되어서도 꾸준히 독서 노트를 쓰도록 이끌었던 경험담은 그 자체로 교과서였다. 자녀를 이끌기 위해 부모가 먼저 독서 마라톤에 참여하는 경우도 있었다. 어느 워크숍이건 부모가 먼저 읽고 쓰면 아이들이 각별하게 반응했다. 이 책에 실린 글들은 워크숍의 결과물이다. 책에 글을 싣도록 허락해준 이제인과 조혜연 님, 유은서와 박영주 님, 유병현과 오봉선 님, 우윤성과 황미희 님, 이주영과 유수옥 님, 이재준과 임석화 님, 홍주원과 이연실 님, 조은민과 최윤경 님, 고민국과 이은경 님께 진심으로 감사드린다.

'성장학교 별'의 교장이자 정신건강의학과 전문의인 김현수 선생은 "원래 못하는 아이는 없다"는 말을 즐겨 한다. 이 말을 빌리자면 원래 못 쓰는 아이는 없다. 다만 쓰기의 희열을 경험하지 못한 아이가 있을 뿐이다. 이 일을 부모와 교사와 어른들이 도와줄 뿐이다. 그것이 글쓰기 교육의 본질이라고 믿는다.

쓰면서 자라는 아이들

초판 1쇄 발행 2022년 2월 25일
초판 2쇄 발행 2022년 4월 27일

지은이 | 한미화
발행인 | 김형보
편집 | 최윤경, 강태영, 이경란, 임재희, 곽성우
마케팅 | 이연실, 김사룡, 이하영
디자인 | 송은비
경영지원 | 최윤영

발행처 | 어크로스출판그룹(주)
출판신고 | 2018년 12월 20일 제 2018-000339호
주소 | 서울시 마포구 양화로10길 50 마이빌딩 3층
전화 | 070-5080-4037(편집) 070-8724-5877(영업) 팩스 | 02-6085-7676
e-mail | across@acrossbook.com

ⓒ 한미화 2022

ISBN 979-11-6774-035-9 03370

만든 사람들
편집 | 최윤경
교정 | 안덕희
표지디자인 | [★]규
본문디자인 | 명희경